未来の航空
極超音速で世界が変わる

園山耕司
Sonoyama Koji

交通新聞社新書 098

はじめに

21世紀は初めから交通革新の時代だといわれています。

それは、今世紀後半の2080年代には、日本からニューヨークやベルリンに4時間で行ける極超音速旅客機の時代が到来するからです。

そのはしりとして、現在世界中で高速鉄道敷設の機運が高まっていて、航空もA380やB787の新型機が就航して空の旅が一層安全になり、快適になりました。

しかし世界中にはまだ、「外国へは行ってみたいけど飛行機に乗るのが怖くてね」という人がかなりいるといわれています。

とくに飛行機に乗ることに慣れている人でも、鉄道の旅が最も安全だと信じている人たちに、この不安感はなかなか拭えません。

それではいったい空の旅は以前に比べてどれくらい安全になっているのでしょうか。本当に信頼して乗ることができるのでしょうか。

まずこの疑問に答えなければなりません。

1日のうちの一瞬の時間に世界中を飛行している航空機の数は、30年前には約5万機といわれていましたが、新興国の空港の増加やＬＣＣが大量に飛行するようになった現在では10万機とも推定されています。

テレビや新聞などでは、以前と同じように航空機の事故を目にするように思えますが、実際には飛行する航空機の数が増えており、安全対策も向上し、以前に比べると頻繁に起こることはなくなっています。

それだけ、とくに旅客機の飛行が安全なものになっているのです。

そしてさらなる空の安全のため、現在どういう取り組みが行われ、これからどんな航空機が生まれてくるのか、またどこまで地球に住む人たちの生活に便利で快適な空の旅が実現していくのか、それらを客観的に知ることができたらと思うのは航空を利用する人の共通の関心事です。

航空機の飛行の安全と効率のためには、航空機そのものが故障しないようにつくられることは当然のことですが、同時にこの飛行を支える航空交通の支援システムが完璧なものでなければなりません。

「頑丈な航空機」と「完璧な飛行の支援システム」は、航空の安全という車を支える両輪です。

しかし機体と運航支援システムが完全に整っても、これを動かすパイロットと管制官は人間です。航空事故や事故寸前の事態の65％が苛酷な自然と戦うパイロットと管制官に起因するものであることを知るとき、未来の最新技術でどのようにこれらの事故をなくしていくかに明確な答えがなければなりません。

航空界の昨今の取り組みはこれだけではありません。20世紀後半から地球温暖化が叫ばれるようになり、航空機の運航にも温暖化低減への努力が求められるようになりました。

この要請にも応えようとしているのが現在開発されている旅客機です。それではいつまでにどれだけの低減をして地球環境の安定化に貢献しようとしているのか、このことも見てみようというのが本書の目的のひとつです。

一方で、地球に住む人々は、もっと広く世界中の人たちと頻繁に意思疎通ができて、経済的に豊かになり、等しく平和に暮らせるために、空の移動時間をもっと短縮できないかを望んでいます。

現在、そのための要素技術が急速に発展しており、21世紀後半の２０８０年代には極超音速旅客機が就航して、東京〜ニューヨークや東京〜パリ間が4時間で行けるようになり、気軽な週末旅行はもちろんのこと、日帰り出張や日帰り会議ができるようになります。

しかし、これらが夢でないことを実証するには、それなりの国の目標や開発機関の科学的裏付けと見通しがなくてはなりません。

本書では、これらについてもできるだけ明らかにしたいと試みています。

全世界の人々の旅客機の旅は、安くてより身近なものとして発展していくでしょう。

筆者は、これが遠くに住む人々との近隣付き合いの交流と物流を促し、人々の心のつながりを助長し、民族・思想・国境・政治的対立を乗り越えて、さらに相互理解を深めることに貢献し、真の世界平和がやってくることを願ってやみません。

未来の航空――――目次

第1章

航空の進歩で変わる日常生活

航空が普段使いされる時代へ

東日本大震災、熊本地震などがあるたびに、交通は生活の大動脈であることを思い知らされます。いまから80年後の21世紀末には、世界中の人々が航空の乗りものに、自家用車、鉄道、連絡船のような交通手段と同じように、身近に、気軽に、便利に、頻繁に乗れるようになっています。

いささか冒険に過ぎると思われるかもしれませんが、今世紀末の２１００年の日本の持てる技術力を想定して、世界の人々とどのように交わっているかを想像してみたいと思います。

航空では、日本、米国、ヨーロッパ連合（ＥＵ）が開発した超音速旅客機と極超音速旅客機が、世界中の海洋や大陸の上空を飛び回っています。

公務員やビジネスマンは１泊２日または日帰りでアメリカやヨーロッパへの公用・商用を足すことができるようになります。世界中の公人やビジネスマンも日本にやってきて、会議や取引をして日帰りまたは短時日で自国に帰っていきます。

日本人は、亜音速旅客機、超音速旅客機、リニア新幹線や新幹線、スカイバス・スカイタクシーを使って、どの地域からでも国際空港に軽易に短時間に移動できるので、過疎地域や限界集落と呼ばれていた地方でも国内だけでなく、外国を相手に商工業、農林業、畜産業や水産業ができるようになります。

若者の都市集中化は日本だけの問題ではありません。

今世紀末には世界中の国々で地方の人口減少が進み、過疎化対策として「ふるさと創生」が叫ばれています。

早速その将来像となる典型的な例を紹介してみましょう。

神話の里にも航空時代がやってくる

ここ奥出雲は、古事記、日本書紀、出雲風土記に出てくる神話の里です。

この地域は20世紀末から21世紀初頭にかけて、ほとんどの若者が都会に出て農業の後継者がいなくなり、一時は限界集落に近づいていると危惧されていました。

しかし２０８０年には、米子国際空港からヨーロッパ、ロシア、中東方面に向けて、マッハ５の極超音速旅客機が就航して、俄然にぎわいを取り戻しています。

また大阪・神戸・岡山方面から米子を経由して米子国際空港駅と出雲市まで、太平洋側から日本海側に抜ける、中国地方横断の中国リニア新幹線が開通しています。

島根県の奥出雲から米子国際空港までは、木次線で宍道駅に行き、中国リニア新幹線に乗り換えて米子国際空港駅に着きます。

従来は伯備線とバスを利用して3時間近くかかっていたものが、30分以内で行けるようになり、とても便利になりました。

都会にあこがれていた若者の回帰が進み、さびれつつあった村落も活気を取り戻してきました。

須佐大助（仮名）さんは由緒ある神社の伝統芸能継承の家系に生まれ、跡を継ぐことになった中堅農家の次男坊です。

地元のヤマタノオロチの神楽舞を祖父母から父母、父母から大助へと継承し、米作と野菜栽培をしている祖父母、父母と妻、子ども1人の7人家族の農業従事者です。

大助さんが作る仁多米《にたまい》は、山陰地方を代表するブランド米で、日本全国に点在するブランド米と競争しても引けをとらない特級品で、これまでに何回か農林水産大臣賞を受賞しています。

宍道湖に注ぐ斐伊川の上流地域は、２０１６年から始まった「日本農業遺産」として農林水産省から認定を受け、次世代の担い手育成や農産物のブランド化を後押しされています。

長い間主食のコメのほかに、年間を通して湿潤な産地にあったソバ・ヤツガシラ・ミョウガ・タケノコなどの穀物や野菜、ブドウ・ユズ・ミカンなどの果物類を手広く栽培して、関西・東京方面に出荷し、家計を維持してきました。

昨年は、オランダのアイントホーフェン市近郊の町のお祭りに日本の伝統芸能として神楽舞が招待され、須佐家はこれに参加してきました。

併せて２０１３年にユネスコの無形文化遺産に登録された和食の提供、日本農産品の展示・商談会があり、島根観光連盟の推奨する仁多米、出雲割子そば、奥出雲ワイン、あご野焼、若草・山川（和菓子）、清水羊羹、しじみの佃煮、えごま油、どじょう料理、神楽めし、干し柿などの郷土特産品の宣伝もしました。

その夜は、「ヤマタノオロチ退治」の神楽舞を神話保存会の皆さんの笛や太鼓に合わせて須佐家総出で舞いました。

大助さんは、その年の豊作を祈願して奥出雲の神社で神様に奉納する「神楽」が、世界のお祭りに招待されて、こんな遠くの地で家族みんなで舞うとは夢にも思っていませんでした。

その後の週末には、祖父母や両親、子どもを連れてドイツの南部地方へ旅行しました。そのとき、みんなで「これは美味しい」といって飽きるほど食べたのが、色白な美人のように、スラーとした形のウドです。

日本のアスパラガスに似た畑作での産物ですが、ドイツの人たちは「シュパーゲル（白アスパラガス）」と呼んで春の季節を味わっています。

表面は純白のアスパラガスといった感じですが、25㎝ほどの長さで一様に短く、形がしっかりしている割には芯がなくて柔らかく、蒸したのを食べると甘みにコクがあり、のど越しがよく、深みのある味がします。

ドイツではほぼ全土で栽培され、脱水・利尿作用があり、腎臓機能の活性化によいとされています。

ドイツ人の食欲を満たすには本国だけでは不十分で、スペイン、ギリシャ、オランダなどから輸入しています。

農業に精魂を傾けている大助さん本人や祖父母、両親もこの味に感銘して、これをなんとか奥出雲でも栽培できないかと考え、それ以来大助さんは農林水産省の支援を受け、何度もオランダ国境近くのバルベック（Walbeck）の栽培農家やドイツの農業研究所を訪れて、土壌の成分・改良方法や畝づくりによる栽培方法などを学んだり、収穫を体験したりしてきました。

次の週末にはドイツの農業試験場に行き、試作品を鑑定してもらって、日本での大量栽培の結論を出そうと思っています。

これがうまく行けば、日本中の嗜好家が島根県の太陽のもとで育った「白アスパラ」を味わえるだけでなく、米子空港や境港からもドイツなどへ食と伝統芸能を輸出できるようになり、大助さんの多角経営の農業は、奥出雲ふるさと創生のさらなる発展の起爆剤になるかもしれません。

須佐一家は、農業専業者から農業経営者への生活に変わります。

農業ビジネスといわれる分野で、大助さんがなぜここまでできたかというと、2080年に日本の米子国際空港とミュンヘン国際空港を結ぶ極超音速飛行の国際便が就航したからです。

この航空便は、宇宙航空研究開発機構（JAXA）が三菱航空機などと連携して極超音速機を開発し、米子〜ミュンヘン間を4時間で飛行する特急航空便を日本の航空会社が最初に就航させたものです。

音速の5倍となるマッハ5で巡航する、極超音速旅客機の開発に最も困難を極めた技術は、いかにしてソニックブーム（音速を超えたときに生じる衝撃波による大音響）を小さく抑え地表の人や生き物に不快感や被害を与えないようにするかでしたが、それが実現できたのです。

それだけではありません。

機体の燃料消費が大幅に改善された上に格安料金で、毎便80％以上の搭乗率で航空会社の採算がとれるようになり、世界中のどこへでも鉄道のグリーン料金並みの運賃で行けるようになったからです。

須佐一家が国内の沖縄に行くような感じで気軽に海外のドイツへ旅行に行き、シュパーゲルという産物に出くわしたのも格安料金と移動時間短縮のおかげでした。

世界の主要都市間だけでなく、世界中の地方都市や地方の農村や牧場の人たちとの距離も、ぐんと縮まりました。和の食や建築、文化も大都市を経由しないで、直接世界中の地方へ届くようになりました。

２１００年の航空利用の仕方

それでは２１００年の日本の空の利用の仕方はどうなっているのでしょうか、その概要を見てみましょう。

成田国際空港、東京国際空港、中部国際空港、関西国際空港、新千歳国際空港、北九州国際空港では、現行の滑走路から離発着する亜音速旅客機、延長滑走路から離着陸する最大速度マッハ2・5の超音速旅客機とマッハ5の極超音速旅客機が混在して飛行しています。

極超音速機を離発着させるため、新千歳国際空港には3本目の5000m級の平行滑走路が01

マッハとは

マッハとは音が大気の中を伝わる速さ（音速）のことをいい、マッハ2とは音速の2倍の速さを意味します。

音速は大気の温度・気圧によって変わります。

海面上の気温が15℃、気圧が1013ヘクトパスカルのときの音速（マッハ1）は、1秒間に340・3m進む速さ（340・3m／secと表します）です。

温度が低くなると音速はだんだん小さくなりますが、旅客機が対流圏（地表と接している大気の一番下の層）の上の圏界面を飛ぶと、このときの音速は295・1m／secとほぼ一定になります。

これを1時間あたりの速度に直すと、1062・36km／h（573・63ノット）となります。

これが対流圏の上の圏界面を飛行するときのマッハ1の速度です。

マッハ5の極超音速旅客機は、マッハ1の5倍の速度で飛行するので、1475・5m／secの速さで飛行します。

1時間に5311・8kmも進み、日本〜ヨーロッパ間のほぼ半分以上の距離を飛行します。

大空を見上げていても、この旅客機は早過ぎて目で確認することは難しいでしょう。

R／19Lの東側につくられ、東京国際空港のD滑走路の沖合には5000m級の新平行滑走路05R／23Lが新設。中部国際空港の沖合でも5000m級の新平行滑走路36L／18Rが新設され、関西国際空港では、現行の4000mの滑走路06L／24Rが5000m級に延長されています。

平行滑走路05R／23Lとは

平行滑走路とは隣り合う滑走路が平行してつくられていることを意味します。滑走路の方向は、滑走路をつくる場所に吹いてくる風の、年間の平均の方向（磁北を基準にした磁方位）をとって決めます。

滑走路の両端にペンキで表記される風を考慮した使用方向は、10度単位で表記されます。通常、滑走路の磁方位が045〜054度を向いているときは、反対方向は225〜234度を向いています。滑走路は両方向から使用できるので、滑走路05／23と記します。

羽田沖につくられる新平行滑走路05R／23Lとは、東京湾の海上にあるD滑走路のさらに沖合、D滑走路の右側に平行してつくられる磁北50度（反対方向に使用するときは左側に230度）の方向を向いた滑走路という意味です。

パイロットは滑走路の端にペンキで書かれた大きな文字を見て滑走路を確認します。

また、日本海側にある北九州国際空港の沖合には５０００ｍ級の36Ｒ／18Ｌの平行滑走路が新設され、米子国際空港には５０００ｍ級の新滑走路07Ｌ／25Ｒが平行滑走路として新設されています。

一方で、リニア新幹線は、太平洋側では中部国際空港駅、関西国際空港駅まで、日本海側では岡山、米子を経由して米子国際空港駅まで延長されています。

航空で使用される単位系

航空では、世界中の人々が日常生活に使っている長さのメートル、質量のキログラム、時間の秒を採用した国際単位系（SI：International System of Unites）を使わないで、欧米で古くから使われている長さのフィート（ft：Feet）、質量のポンド（lb：Pound）、時間の秒（S：Second）とその組立単位を使います。

1メートル（m）＝3・2808フィート（ft）、1ポンド（lb）＝454グラム（g）＝0・454キログラム（kg）です。

長さの組立単位には海里（NM：Nautical Mile）と哩（SM：Statute Mile）を使いますが、哩は気象の視程の単位に使われるだけで、長さはすべて海里（＝マイル）が使われます。

1海里（NM）＝6076・1フィート（ft）＝1852メートル（m）＝1・852キロメートル（km）、1哩（SM）＝5280フィート（ft）＝1609・3メートル（m）＝1・609キロメートル（km）です。

また速度の単位である1ノットは1時間に1海里を進む速さで、1ノット（KT：Knot）＝1海里（NM）／1時間（h）＝1852m／1時間（h）＝1・852km／1時間（h）です。

また日常生活の重さの単位にはトン（t）が使われますが、1トン（t）＝1000キログラム（kg）＝2204・6ポンド（lb）です。

これからフィート（ft）とマイル（海里：NM）がよく出てきますが、フィート（ft）をメートル（m）に直すのには、フィートの値を3・28で割り（目安値のときは3で割る）、マイル（NM）の値をキロメートル（km）に直すのには、マイルの値を1・85倍（目安値のときは1・8倍）してください。

図1－1は、日本から超音速機と極超音速機が米国やヨーロッパなどへ行く場合の飛行ルートを示したものです。

飛行ルートは3つあります。

ひとつは米国、南米、カナダの主要都市へ向かうときに太平洋を横断する太平洋ルートです。

図1-1　超音速機と極超音速機の飛行ルート

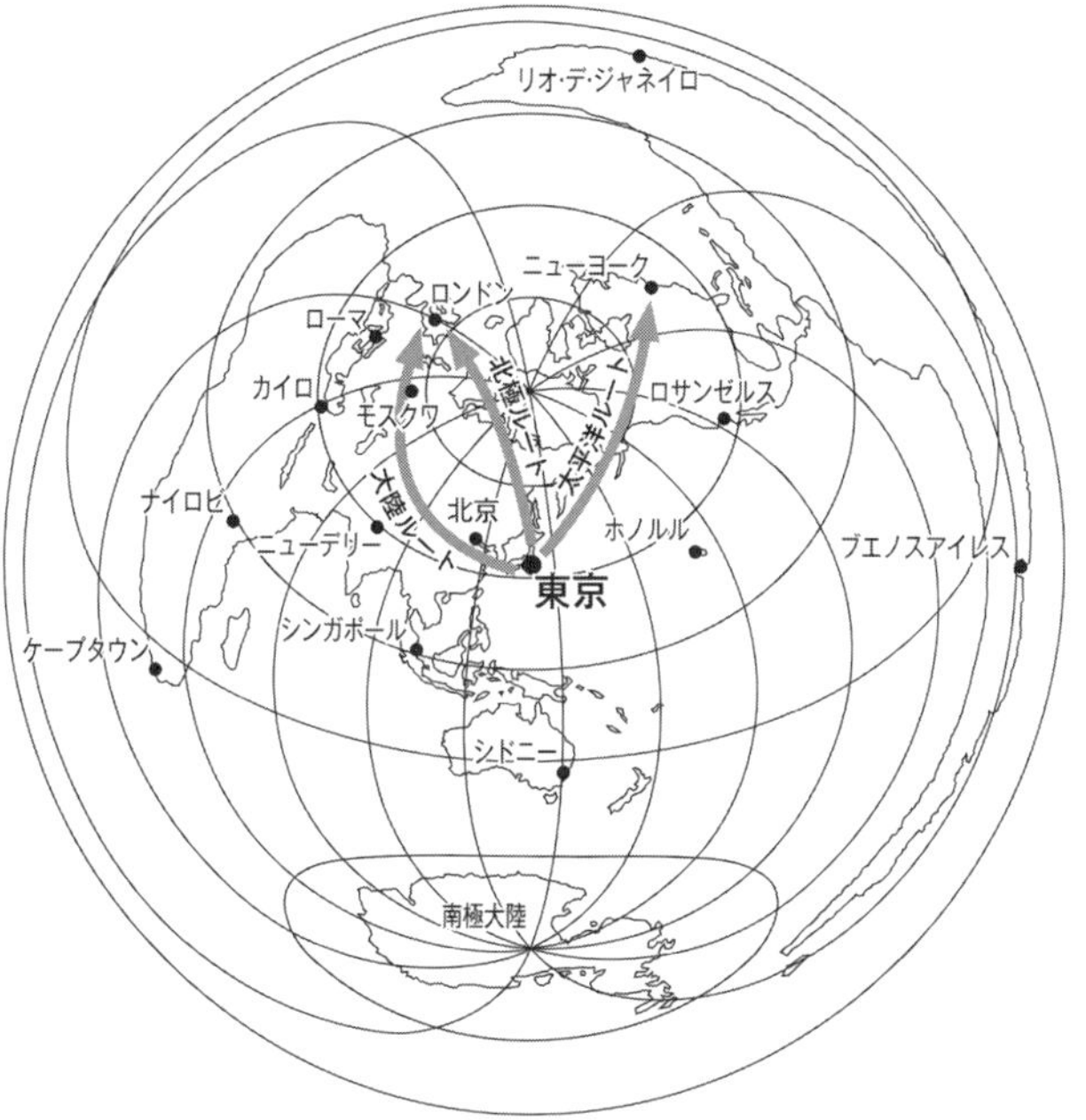

2つ目は日本からヨーロッパの主要都市へ向かうときに使われる北極圏を通過する北極ルートです。3つ目は日本からヨーロッパ、ロシアや東欧の主要都市へ向かうときに使われる中国やロシア上空を通過する北緯50度ラインに沿った大陸ルートです。

いずれのルートも8万2000フィート（2万5000m）～10万5000フィート（3万2000m）の間の対流圏界面の高度を飛行するので、巡航高度に達したら対流圏で発生する気象状況の影響を受けることはありません。

北極ルートは、米国のGPS、EUのガリレオ、ロシアのグロナス、日本の準天頂衛星から発信される測位信号では、北極域上空の飛行位置が恒常的に正確に測定できないので、JAXAは21世紀前半に、測位衛星を含んだ複合利用の衛星を打ち上げ、北極圏監視システムを運用していきます。

北極圏監視システムは、2013年10月に日本リモートセンシング学会、JAXA地球観測研究センターなどが中心となって、20ほどの産官学の参加によって「我が国の地球観測の今後の進め方」を政府に提言した中で、「観測衛星＋測位衛星＋通信衛星」の複合利用を目的とすべきだと提案したものです。

新千歳国際空港から離発着する場合は、3つのルートのいずれかを使い、短時間の飛行で行けるルートを選びます。

北九州国際空港と米子国際空港を使用して離発着する場合は、日本海上空で音速を突破するので、大陸ルートを飛行します。

北極ルートと大陸ルートはヨーロッパの国々の航空会社が日本への乗り入れに利用しています。

米国の航空会社は太平洋ルートで日本に乗り入れる一方で、北極ルートを米国～北欧・ロシア間の航空便に使用しています。

ロシアは日本と平和条約を結び、ロシアの航空会社も大陸ルートと北極ルートを利用して日本に乗り入れています。

この他に大陸ルートは、モンゴル・カザフスタンなどの航空会社も利用して日本に就航しています。

中部国際空港と北九州国際空港、米子国際空港が、極超音速機の離発着空港に選ばれたのは、長い直線の上昇／降下経路を必要とするので、比較的空域環境のよい利点を備えているからです。

そしてマッハ2・5の超音速機とマッハ5の極超音速機が離発着する国際空港は、すべてリニア新幹線か新幹線が乗り入れています。

またこれらの国際空港と近郊の各都市のＪＲ・私鉄駅の巨大ビル屋上との間には、高揚力のスカイバスまたはスカイタクシーが需要に応じて就航し、リニア新幹線並みの速さで便利に移動できるようになっています。

超音速機が音速を突破するときに避けられないのが、衝撃波が発生するときに出る衝撃音、ソニックブームです。

かつて、航空自衛隊がF104という超音速戦闘機を最初に導入したときに、衝撃音（ソニックブーム）で千歳基地周辺の牧場馬が異常行動をしたり、出産に影響したりしたことがありました。

JAXAは、長い間の研究と実験を重ねて衝撃音を極小化し、人間の日常生活や家畜などに影響を及ぼさない極超音速機の開発に成功しました。

しかし国土交通省航空局は万が一を考えて、離陸したらすぐ洋上または海上上空になる地形と空域環境を選んで、超音速機と極超音速機の離発着飛行場を指定したのです。

超音速機や極超音速機が、新千歳や羽田、中部、関西国際空港からヨーロッパ方面へ向かう場合は、太平洋上を北上して音速を突破したのち、北極圏に向きを変えてヨーロッパ方面に向かいます。

2100年の日本の空は、航空機はすべて衛星（GPS）を利用して飛行し、航空管制は現在のように航空機を中継する衛星利用だけではなくて、レーダーか、衛星のどちらかを独立して利用して管制することができ、二重の安全誘導システムをもった効率的な支援体制を維持しています。

航空機と管制機関との通信は、デジタル通信が主で、管制許可や重要な通信だけが音声による無線電話で行われます。

なお超音速機と極超音速機は、経済産業省の調整のもとに、JAXAと三菱航空機が共同で開発し、三菱重工業がMRJの販売実績を生かして、納入後の購入航空会社への修理サービスなどを行っています。

それでは今世紀末の2100年に日本から飛び立つ亜音速旅客機、超音速旅客機と極超音速機の乗客の利用状況を見てみましょう。

2100年の乗客の航空利用状況

人々が移動手段として航空を利用するか否かは、人々が生活している場所と空港間のアクセスがどのくらい便利になっているかにかかっています。

2100年になると、日本全土は新幹線またはリニア新幹線で結ばれ、超音速機や極超音速機が離発着するほとんどの空港の駅には、いずれかの列車が乗り入れています。

既線が発達していて新幹線が空港駅に直接乗り入れることができない羽田空港では、JR東日本が2030年までに羽田空港と東京の都心を結ぶ3本のルートからなるJR空港アクセス線の整備を終えています。また私鉄では、東急蒲田駅と京急蒲田駅を結ぶ蒲蒲線とつながる新空港線を整備し、乗客の利便を図っています。

全国の主要都市では、公務員やビジネスマンが勤める官庁・会社に近い駅ビルや自宅周辺のビルから、国際空港行きの高出力の推進装置を備えたスカイバスやスカイタクシーが乗客のニーズに応じて定期的にまたは臨時に、決められたルートを安全に飛行しています。

ビジネスマンの通常の海外出張は、マッハ2・5の超音速機を利用して札幌・東京・関西・北九州・米子などの国際空港を利用して、ニューヨークやロンドンなどへ6~7時間で飛行し、短期でも1泊2日以上の日程で行われています。

とくに急ぐ公務員やビジネスマンの出張は、マッハ5の極超音速機を使って同じ距離を4時間で飛行し、日帰りで行われています。

また有名な学者や芸術家などは、世界中から招待され、日帰りで活動を行う人もいます。

これらの学者や芸術家の指導を受ける学生も、日帰りまたは短期日で受講できるようになり、大学のカリキュラムの中で異国の大学の講座を受けて単位が取れるようになりました。学生は超音速機も極超音速機もほぼ同額の手頃な料金で利用できます。

北米、ヨーロッパ、アジア、オーストラリア、南米などの大陸には、主要都市に存在する国際空港の他に、地方都市を結ぶ地方空港や地方空港から地域を結ぶ地域空港が発達しており、さらにその先には農場・牧場や山間地帯を結ぶ小空港が点在しています。

２１００年には、これらの空港の数はさらに増えて、人口密集地とこれらの空港を結ぶ交通アクセスも発達していて、空港間を結ぶ航空機の運航数も増えています。

飛行機種も多様性に富んでいて、定期航空、不定期航空、貨物航空、ビジネス機、自家用機、ヘリ、スカイバス、スカイタクシーなどが毎日多数飛行しています。

運航機種や運航数が増える理由は、航空機の安全性が増すとともに、地上に計器着陸装置が設置されていなくても、簡易な受信装置で衛星を利用して、雲の中を飛行して着陸できるからです。

日本の国内空港を結ぶ定期便や不定期便は亜音速機が主流ですが、北米やヨーロッパなどの大陸では、遠距離を結ぶ空港間には亜音速機に混じって超音速機が就航していて、ビジネスマンや旅行客の多くがこれを利用しています。

利用する乗客を料金で見てみると、ＬＣＣの亜音速機を利用する乗客が圧倒的に多く、超音速旅客機や極超音速旅客機にもファーストクラス、ビジネスクラス、エコノミークラスが設定されていますが、まだＬＣＣの格安料金までとはいきません。

先を急がない国内や海外への旅行者や貨物の運搬は、格安で快適な亜音速旅客機を利用し、急ぐ公務員やビジネスマンは少しでも効率的に仕事ができるやや高めの料金の超音速旅客機か極超音速旅客機を利用します。

各国の政府高官による緊急の国際会議や会社の要人による商談が行われる場合は、極超音速旅客機が利用され、日本や欧米では政府専用機に極超音速旅客機を採用しています。

超音速や極超音速旅客機を利用するのは公務員やビジネスマンだけではありません。

中小企業の経営者や自宅で物作りをしている人も、牧場で家畜を飼っている人も、農林業や水産業に従事している人も、電子予約で超音速や極超音速機を気軽に利用できるので、現地に行って現物を確かめることができ、世界中の同業者や異業種同士の取引や交流が拡大しています。

退職後の年配者たちの世界中の旅は、いまよりずっと短時日ででき、快適で格安なので頻度が増え、楽しみが増しています。

世界中の人々の学習機会が増えるだけでなく、学習時間が短縮されるので、人々の生活に余裕が生まれます。

公務・ビジネス・学習と観光で旅行する人たちも合わせると、世界中の人々が会う機会が多くなり、これによって心はつながり、お互いのよいところを見聞・吸収して、以前より争いが減って、平和で豊かな生活を送るようになっています。

それでは空の技術のなにが整えばこうした日常生活を変えるような航空時代がやってくるのでしょうか、それを考えてみましょう。

なぜ2100年の極超音速機就航へ期待を寄せるか

2100年を取り上げる理由は、21世紀に入って15年が過ぎた現在から20年間くらいの間に、航空機をつくる材料、エンジン、翼の形状の工夫などの改善が成功して、亜音速旅客機の成熟期を迎えるからです。

このあとも、旅客機の胴体と翼の一体化による機体の表面を流れる空気の円滑化やエンジンの改善などの開発が計画されていますが、予測される改善の度合は今日ほどではありません。

現在開発が見通されている航空技術の中で、さまざまな難しい問題を解決しなければなりませんが、80年後には、人間生活に最も便利をもたらす極超音速機の実現が有力視されています。

未来の旅客機実現のために必要な技術

まず容易に考えられるのが、超高温と機体の内外の気圧差に耐えられる胴体と翼をもった極超音速機がつくれることです。

その上この航空機は、地上で生活する人や生き物に危害を及ぼす強さのソニックブームを発してはいけません。排出するガスは、トータルで将来就航する亜音速機より少なく、環境にやさしい航空機でなければなりません。

またそんな機体ができたとしても、翼面積に比べて胴体が長く面積が大きくなるので、亜音速機に比べると着陸速度を抑制するには限界があります。

165ノットを超える速度で接地する場合には、減速するのに長い走行距離を必要とします。マッハ2・5の超音速機の場合は、亜音速機に必要な3000m級の滑走路から3500〜4000m（4000m級）に延長する必要があります。

また亜音速機の進入角度が2・5〜3・0度に対して超音速機の進入角度は2・5度に抑えられますが、F104の進入実績から推定して、接地点から2マイル以内に近づくと2・2〜2・3度の進入角に下がる傾向があります。

そこで、滑走路に続く進入表面（高さ／水平距離）を現行の50分の1（地表面から1・1度）から70分の1（地表面から0・8度）程度にまで下げる必要があります。

この様子を**図1－2**でわかりやすく説明しましょう。

図1-2　極超音速機の降下経路

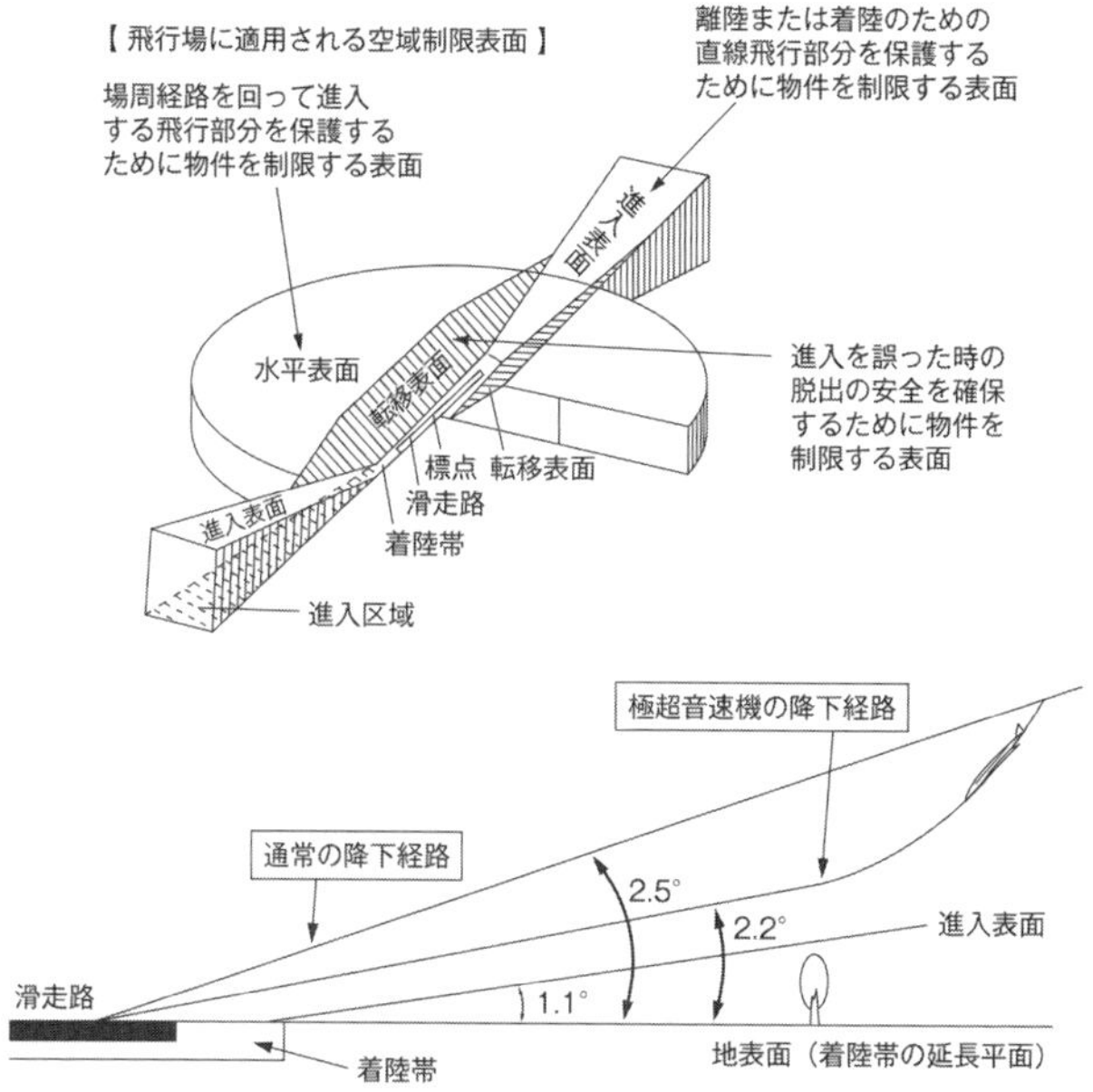

滑走路をつくるときは、出発機が離陸後上昇する途中で、また到着機が着陸のために降下する途中で地表の障害物と衝突しないように、**図１－２**の上の図で示したように進入表面・転移表面・水平表面の制限表面を設けて、この上に立木などが飛び出さないように規制しています。

ＩＣＡＯ（国際民間航空機関）規則では、通常亜音速機であれば、地表面から２・５～３・０度が理想的な降下角度とされ、地表面から１・１度の進入表面との間に１・４～１・９度の十分な間隔があります。

ところが**図１－２**の下の図に示す

ように、地表から2・5度で進入する極超音速機は滑走路の接地点から2マイル以内に近づくと、2・5度の降下角から沈むように下がっていき、図に示すように地表面から2・2度の降下角で接地することが多くなります。

進入表面との間に1・4度を保つためには、進入表面を下げ、この上に計器着陸装置（ILS）のローカライザーのアンテナや障害物が飛び出さないようにしなければなりません。

マッハ5の極超音速機の場合は、安全を考慮して最大滑走距離を考えると、4500〜5000m（5000m級）の世界で最も長い滑走路を必要とします。

一方で、極超音速機が飛行する航空路には、飛行中に安全間隔を与えるために、高速に対応した運航支援システムが整備されなければなりません。

航空路は現在の上限高度の5万フィートまでの航空路ではなく、10万フィート（3万480m）の高度でも無線通信が可能な航空路でなければなりません。

航空路を飛行する極超音速機の間に安全かつ効率的な間隔を与えるためには、地上の管制機関が少なくとも1分以内のリアルタイムに極超音速機の位置を把握できることが望まれます。

現在のようにGPSと呼ばれる測位衛星と航法衛星を利用しても、地上の管制官が極超音速機がある地点を通過してから最も速くて14分もかかってその地点を通過したことを知るようでは、管制官が知ったときにはすでに機は14×60秒×5×音速（295・1m／秒）＝1240㎞（670マイル）の距離だけ先に進んでいて、その距離の間には別の極超音速機を飛行させることができないことになります。

つまり極超音速機の飛行位置の情報は、1分程度に更新されなければ、効率的な管制はできないのです。

超音速機や極超音速機が亜音速機並みに普及するためには、まず安全であることが立証されなければなりません。

JAXAは2035年頃までにマッハ2・5の小型実証機で何度もテスト飛行をして安全性を確かめる計画ですが、離陸角度、上昇、巡航、降下、接地角度の全行程で安定性と安全性を確認するためには、かなり長期にわたる試験飛行が必要です。

とくに胴長の超音速機は、高度2・5万〜3万mの巡航高度でマッハ2・5に達するまでに、途中の洋上または海上で音速を超えて上昇するので、この間に他の航空機が入らないような独占的に使用される長距離にわたる、ほぼ直線的な「標準計器出発経路（SID：Standard Instrument

Departure）＋洋上転移経路（OTR：Oceanic Transition Route）」が必要になります。

ＳＩＤとは、滑走路の離陸地点からターミナル管制機関が管制するターミナル空域（進入管制区と呼ばれています）を出るまでに設けられた上昇のための出発経路で、ＯＴＲは、ＳＩＤに続いて航空路内の巡航高度まで上昇する経路をいいます。

マッハ５の極超音速機になるとさらに長距離の「ＳＩＤと専用ＯＴＲ」が必要です。

また降下には上昇時のような直線経路は必要としませんが、乗客に不快感を与えないために１分間に２０００フィート以上降下することはできないので、10万フィートから降下するためには、飛行時間が50分以上の標準計器進入経路（STAR：Standard Terminal Arrival Route）が必要です。

マッハ１・６～２・５の小型超音速機の試験飛行に続き、日本・米国・ＥＵによるマッハ１・６～２・５の超音速旅客機の就航の時代を経て、２０８０年頃にＪＡＸＡは極超音速機を開発し、1号機が就航すると予測されます。

それから10年間くらいの間に米国、ＥＵの極超音速旅客機が飛行するようになり、広く安全性が確認されるようになります。

このときに使用されるエンジンには、ガソリン、バイオ燃料、電気のいずれかの燃料や動力源が使われて環境に適合し、機内圧も地上と変わらない快適機であることが実証されているでしょう。

２０９０年から次の10年間で、世界各国の亜音速旅客機は国内専用機となり、洋上を飛行して国家間を結ぶ旅客機は、極超・超音速機が主流となります。

この極超音速の利点を生かすには、高速鉄道・高速船舶便の接続を充実させるとともに、短距離の国際空港～地方空港間、空港～都市駅間、空港～地方拠点駅間などを結ぶ、高出力の揚力可変エンジンを装備したスカイバスまたはスカイタクシーが就航しなければなりません。

空飛ぶクルマについては、現在日本を含めて世界中の産学が競って研究開発をしていて、早晩実用化されるでしょう。

それでは、今度は世界の交易を一変させるビジネスマンの出張の姿をイラストで見てみましょう。

そしてその後に、世界の人々の日常生活を変えるような２１００年の航空の姿を実現するため、どのような取り組みがなされてきたか、またなされているかを、航空輸送の視点から見てみます。

ビジネス先輩の
ニューヨーク日帰り出張
いってらっしゃい。
今22時。明日12時頃までに帰るよ。
羽田空港行きのスカイバスがスーパーの屋上から出ています。
着陸噴射
スカイバスは調布から30分で羽田に到着します。
極超音速機はニューヨークへ向け23時に離陸。
機体が軽るいし、騒音も小さいね。
高速を突破したけどソニックブームの苦情はまったく聞かないね。（パイロット）
機長: マッハ5に達しました。巡航高度フライトレベル830。
とっても静かで、すべるように進んでいるね。

イラスト=有澤好洋

マッハ5
10分(216Km)
マッハ5
8万3,000フィート
8万3,000フィート
高度5万フィート以上
4マイル
スーパーマックコントロール方式で管制せよ。(主任)
航空交通管理センター
当機はまもなく
ラガーディア空港に到着します。
ニューヨーク
ただいま、日付変更線を
通過しました。
軽食の
サービスです。
シートベルトを
しめて下さい。
マンハッタン
ハドソン
ラガーディア
空港
ウォール街
機長です。当機は順調に
飛行しています。
キュー
フライトの所要時間、
3時間50分です。(パイロット)
当機はアメリカ本土の上空に
入りました。到着時刻は
定刻どおりの予定です。
ロサンゼルス
ラスベガス
太平洋
フェニックス
ウォール街行きの
スカイバスです。

衛星位置情報で
進入・着陸する。（機長）
衛星進入方式
東京
国際空港
地上型衛星情報補強装置
14時。資料を手渡し商談開始。
クリアー トゥ ランド
ランウェイ 34L
了解
ニューヨークも
日帰り圏内に
入ったね
34L
11時到着
16時 商談終了。ウォール街ビル屋上
からラガーディア国際空港まで
スカイタクシーで10分。
調布・府中方面
スカイバス
のりば
羽田空港
国際線ターミナル
東京国際空港に向け
17時離陸
ラガーディア
空港
おかえりなさい。
ただいま。
徹夜で
仕事をした
感じだね。
日本版GPS「みちびき」
MTSAT
位置情報
補強情報
管制指示
太平洋
位置情報
飛行管理センター

航空機の飛行高度

航空機が飛行する高度は、気圧高度計で測った高度です。

地球上の気圧は常に変化しています。

通常パイロットは、飛行する周囲の気圧が変化するたびに高度計をセットし直さなければなりません。

しかしこれでは煩雑になるので、これを避けるために気圧高度計を使用して飛行する方式には、２つの方式があります。

ひとつは比較的低い高度を飛ぶときには地表と衝突しないように、平均海面０ｍのそのときの気圧値に合わせて飛行高度を測る方式で、ＱＮＨの方式と呼ばれています。

もうひとつは、地表の一番高い山よりはるかに高く飛ぶときには、平均海面の気圧値を一様に１０１３ヘクトパスカル（１気圧）に合わせて飛行する方式で、ＱＮＥと呼ばれています。

日本では富士山の標高よりはるかに高い、１万４０００フィート（４２６７ｍ）をＱＮＥからＱＮＨへ切り替える境目の高度としています。

ＱＮＥで飛行する高度をフライトレベルと呼び、高度２万３０００フィートはフライトレベル２３０（ＦＬ２３０）と呼んでいます。

第2章

未来の姿を実現するための世界の取り組み

世界の航空機開発は明確な目標のもとに行われている

現在、世界の空にはB787をはじめA380などさまざまな機種の旅客機が就航していますが、これらの航空機は数多くのメーカーが自社の技術を駆使して自社の自由意思で開発し、自社の能力に応じてバラバラに製造してきたわけではありません。

航空機開発とその運航支援は、航空の先進国である米国やEUが、それぞれきちんと将来を見通した国家目標を立てて、国の研究開発機関とメーカーが共同で開発し、就航させてきたものです。

では、現在から未来にわたって飛行する航空機はどのような経緯でなにを目標にして開発され、これを支援する航空交通管理はどんな目標を立てて、どのようにして整備されてきたかを見ることにしましょう。

航空機の開発は、強力・強靭・残存・精密・高度な知識・技術をともなうので、各国の先端技術が競い合う領域となっています。

航空機開発の技術力が高いほど、さまざまな分野で国の先進的存在を示すことができます。

また国際的に問題となっているCO_2低減や空気浄化（クリーンスカイ）への協力をアピールしや

すい場にもなっています。

開発に巨額な資金を必要とすることも国家が特別の関心を払う理由でもあります。とくに旅客機の開発は、国の技術的・経済的発展の側面だけでなく、国民生活に直結しているので、開発の時期、期限、開発仕様、環境適合基準などの明確な目標を国家レベルで設定し、これを掲げて国の全機関や法人などに目標を与えて協力を要請しています。

各国の開発目標設定の状況

現在世界で航空機を開発し飛行させている国には、軍用機を含めると米国、ヨーロッパの国々、ロシア、日本、カナダ、ブラジル、中国などがあります。このうち世界中を飛行している民間旅客機に限定すると、その8割は、米国とEUで開発された航空機です。

世界中で旅客機が安全で効率的な運航ができるのは、飛行する航空機とこの飛行を支援する航空交通管理（ATM：Air Traffic Management）の活動が、国際民間航空条約に則って上手に連携する仕組みがあるからです。

また1970年代頃から叫ばれてきた地球温暖化への対策も、この仕組みによって行われています。

それでは米国やＥＵは、実際にどのようにして統一した目標を設定して、航空機を開発し、改良したＡＴＭによって運航させているのでしょうか。

国際民間航空条約第４章「航空を容易にする措置」に基づいて、世界の航空機開発の標準を勧告するＩＣＡＯ（国際民間航空機関）は、２０００年以降に開発する次世代航空機の環境適応基準を決めました。

米国はＩＣＡＯの勧告を尊重して、２０００年に大統領の政策補佐機関である「国家科学技術会議」（ＮＳＴＣ）を経て大統領が裁可し、「米国航空研究開発政策」を発表しました。

この政策は、２００１年から２０３５年までの35年間の長期にわたる米国の航空機開発の目標と航空交通管理（ＡＴＭ）の整備目標を示したものです。

これらの目標は、２００１～２０１５年（Ｎ＋１という名称が付けられています）、２００１～２０２０年（Ｎ＋２）、２００１～２０３０～２０３５年（Ｎ＋３）の3期に分けられていて、安全で効率的かつ快適な航空機飛行の目標とともに、地球温暖化抑制のための環境適合目標が示されています。

この政策に基づいて、ＮＡＳＡ（アメリカ航空宇宙局）は独自でまたは企業体と共同で２０

３５年までの航空機の研究開発計画を定め、またＦＡＡ（アメリカ連邦航空局）が中心となって「NextGen（次世代）」という名称を付けた２０２０年までの次世代ＡＴＭ計画を定めています。

NextGen計画は、米国の軍用機を含むすべての航空機を対象とすることから、ＦＡＡ、ＮＡＳＡ、国防総省（ＤoＤ）、国土安全保障省（ＤＨＳ）などによる統合計画開発事務所（JPDO：Joint Planning and Development Office）が設立され、計画の整合が図られました。

NextGen計画は、①航空機の飛行軌道や性能に応じたサービスやより柔軟な運用の提供、②空港の運用および支援の拡充、③気象情報サービスの向上、④安全性管理の向上、⑤環境管理基準の設定、⑥通信ネットなどのインフラサービスの拡充、⑦位置・航法・時間サービスの向上、⑧飛行の監視サービスの向上が含まれています。

一方ヨーロッパでは、民間旅客機はＥＵ各国が協力してつくっています。

ＥＵでは、中枢機関である「欧州航空研究諮問委員会（ＡＣＡＲＥ）」が２００１年に、２０２０年までの「第７次航空研究開発政策（ＦＰ７）」を発表しました。

これを受けて、ドイツ、フランス、イギリス、スペインの４カ国が共同で研究開発計画をつくり、航空機の機種ごとに生産拠点を定めています。

またATMについては、ヨーロッパの空域をひとつに統合して航空交通管理の向上を目指す、「単一ヨーロッパ空域の航空交通管理開発計画」(SESAR：Single European Sky Air Traffic Management Research Program) があります。

EU加盟国で構成されているヨーロッパ委員会 (European Commission) とユーロコントロール (ヨーロッパ航空交通管制機構) が設立した、SJU (SESAR Joint Undertaking) が中心となり、関係する国の機関や企業体と調整し、出資額を決め2025年までの次世代ATM整備計画を発表しています。

その内容は、2020年までに2005年と比較してATMの処理容量を3倍に、安全性の改善を10倍に、1フライトあたりの環境への影響を10%削減し、ATM関連の所要コストを50%低減することを目標にしています。

またATMの将来像として、飛行軌道管理の向上、ATMネットワークの協調・運用の拡充、統合的な空港運用、容量拡大をもたらす新間隔設定方式、情報管理システムの拡充、システム拡充にともなう管制官やパイロットなどの対応能力の向上を挙げています。

EUは各国の連合によって構成されているので、目標や計画を定めるには国家間の調整が不可欠であり、20~25年程度の長期目標を立てることができても、米国のような超長期 (35年) にわたる目標を設定するのは困難な面があります。

空域を単一に利用できるようにするためには、レーダーや衛星による監視、航行援助無線施設による航法援助、管制方式などが質量的に同一のレベルで実施できなければなりません。

このためには、各国の技術レベルを揃えなければなりません。

欧州航空研究諮問委員会（ACARE）が空域の統合を目標に掲げて２０２０年までの第７次航空研究開発政策（FP7）を発表したのもこのような事情によるものです。

（注）２０１６年６月にイギリスは国民投票でEUからの離脱を決めましたが、イギリスのエンジン技術がなくてはEUの開発計画は成り立たないので、今後もなんらかの協力体制が維持されるものと思われます。

日本は、戦後の占領政策によって航空機開発が一時途絶えた時期もあって、国が主導で航空機の研究開発を進めるには産業基盤が整っていない時期が続きました。

それでもYS－11、自衛隊機、ビジネスジェット機、MRJの開発、人工衛星の打ち上げと回収などを経て、航空機産業の本格的な充実期を迎えようとしています。

現在日本では2つの国産航空機の開発が進行中です。

ひとつは経済産業省の主導により、２００３年から始まったMRJに代表される環境適応型高性能小型航空機の研究開発です。

もうひとつは防衛省が2001年度から開始した次期固定翼哨戒機（XP－1）と次期輸送機（C－X）の開発です。

国の機関で唯一超音速機の研究開発を進めているJAXAは、これまでの研究開発成果を生かして超音速旅客機の開発計画を、2020年、2025年の2つの達成時期に分けて、また極超音速機の開発時期を2025年以降として、公表しています。

亜音速機や超音速機のすべての航空機の開発に国の政策機関がかかわる必要性については、経済産業省などが発表していて、早晩統合された開発の体制は整うものと予想されます。

一方ATMの研究開発については、国土交通省の航空局が主導して産官学の共同による目標と計画の策定を行っています。

これが「CARATS」（Collaborative Actions for Renovation of Air Traffic Systems）と呼ばれる航空交通管理システムの改革プランです。

このプランの目標は、（1）経済成長にともなう国際的地位の保持、（2）空港・空域容量の増加、運行効率の向上、（3）安全・環境保全の向上、（4）次の技術目標の実現……①4次元（三次元＋時間）の飛行軌道に基づくATM運用、②航空機の飛行性能に基づくATM運用、③衛星利用による航法の向上、④情報の共有・統合データ管理、⑤自動情報処理、⑥空港の交通管理の強化、⑦繁忙空港・過密空域の運用強化、⑧気象支援の強化などで、航空機運行の安全・効率性の確保とともに地球温暖化低減への寄与を目指しています。

日本は、世界を飛行する旅客機の8割を製造する欧米に比べて、まだ世界標準を主導的に決められる要素技術は少ないので、欧米の開発の進捗に合わせた目標と計画の設定はやむをえないところです。

米国、EU、日本による未来の旅客機への開発目標

世界の航空機開発の中心をなしているのは米欧です。これに続いているのが、ロシア、日本、カナダ、ブラジル、中国などです。

ところが次世代旅客機の開発となると、米欧に続いて革新的な開発をしているのが日本です。それではいったい日本や米欧がこれからの空の旅を左右する旅客機にどんな夢と希望を託しているのでしょうか？

まず、人間と地球にやさしい米欧の次世代航空輸送の目標から概観してみましょう。

表2-1　次世代航空輸送の目標

主要項目		欧州（EU）	米国	
開発目標時期（年）		2020	2020	2035
目標時期の名称			N+2	N+3
環境適合化	NOx排出量	-80%	-78%	-78%
	CO_2排出量	-50%	-40%	-70%
	騒音	-30dB	-42dB	-55LDN
	燃料効果の改善 ATM管理の向上	SES	クリーンスカイ	
経済性の向上		航空機運用費を50%削減	米国資源で得られる多様な新航空燃料の実現	
時間的効率性の向上		遅延15分以内	タイムスケジュールどおりオンタイムで運行	
航空機の安全性の向上		事故率を2001年の1/5に低減	機体設計・構造・サブシステム向上による事故件数の低減	
未来航空機の研究		2050年以降に航空輸送の画期的変革	亜音速固定位翼機、超音速機の開発、極音速機の研究	
顧客の満足度の向上		客室の快適性 機上サービスの選択肢の拡大	機内の騒音の減少 地上生活に近い気圧、温度、湿度の維持	

注1）表に掲載していないが、米国の2000年から2015年までの目標時期の名称は「N+1」
注2）表の中のNOx、CO_2の排出量と騒音は、1999年にICAOが設定した基準値に対する低減値で、騒音のLDN（LOUDNESS）の単位は物理的騒音レベルではなく、人間の感覚で感じる騒音レベルを規定したもの

表２－１に示す目標値は、ＥＵの下部機関である欧州航空研究諮問委員会（ＡＣＡＲＥ）が「第７次航空研究開発政策の基本計画（ＦＰ７）」として２０００年に発表したものです。

また米国の目標値は、国家科学技術会議（ＮＳＴＣ）が示した「米国航空研究開発政策」に基づいて、企業体と共同で航空機開発を行っているＮＡＳＡと、航空交通管理（ＡＴＭ）の研究開発を行っているＦＡＡなどが策定した目標値です。

いずれもＩＣＡＯが２０００年までに示した目標値（ChapterⅣ）をクリアしています。

騒音について補足説明すると、航空機騒音を評価する方法には音の大きさ（LOUDNESS）に基づく方法（ＬＤＮ）と、音のやかましさ（NOISINESS）に基づく方法（Percieved Noise Level）があり、国によって採用の程度は異なります。表２−１の目標値にはこの両方が示されています。とくに２０３５年に設定した騒音の目標値はマイナス55ＬＤＮと、人間が騒音をまったく気にしないで日常生活が送れる程度まで下げることを目標にしています。

燃料効率の改善には、航空機の新燃料の実現だけでなく、航空システムの燃料効率を大幅に改善することを含みます。

このためヨーロッパでは高度2万５０００フィート（７６２０ｍ）以上の空域を統合して単一ヨーロッパ空域（SES：Single European Sky）にして航空管制などのＡＴＭを適切に行い、航空機を効率的に飛行させることを目標にしています。

また米国では航空輸送システムの環境適合化と効率的なＡＴＭによって、きれいな空（クリーンスカイ）の実現を目指しています。

欧州でも単一ヨーロッパ空域（ＳＥＳ）にクリーンスカイの目標を掲げています。

欧州の経済性の向上では、このほかに２００１年を基準にして航空機開発費を５％削減、市場投入時間を50％短縮、ＡＴＭ運用費を20％削減、安価な航空運賃の実現を目標に掲げています。

経済性の向上について米国では、多様な燃料供給と価格の安定を重視し、航空システムの燃料効率を大幅に改善することを目指しています。

欧州の航空機の安全性の向上では、この他にヒューマンエラーの大幅な低減と回復力の向上、多様なテロからの乗客または一般市民の防護を目指し、米国では地上と空域における航空機運用の改善による事故件数の低減と大規模事故の際の乗客・乗員の生存率の向上を目指しています。

日本は、２０２５年までに高度3万６０００フィート（1万１０００ｍ）以上の空域（管制区）で、４つの管制区管制所の空域をひとつの管制区に統合して、ＡＴＭの効率を大幅に改善しようとしており、まもなく国土交通省の目標と計画が確定されるでしょう。

一方でＪＡＸＡは、安全で効率的なＡＴＭの改善計画を実現するため、２０１２年から分散型高効率航空交通管理システム（DREAMS）の研究開発を進めています。

このシステムは、飛行に影響する気象現象を予測し、騒音を減らすとともに、着陸時の衛星航法の信頼性を高め、衛星進入経路の選択肢を拡大し、災害時の救援機などの情報を一元管理することを目標としています。

図2-1　米国とEUの亜音速機開発計画

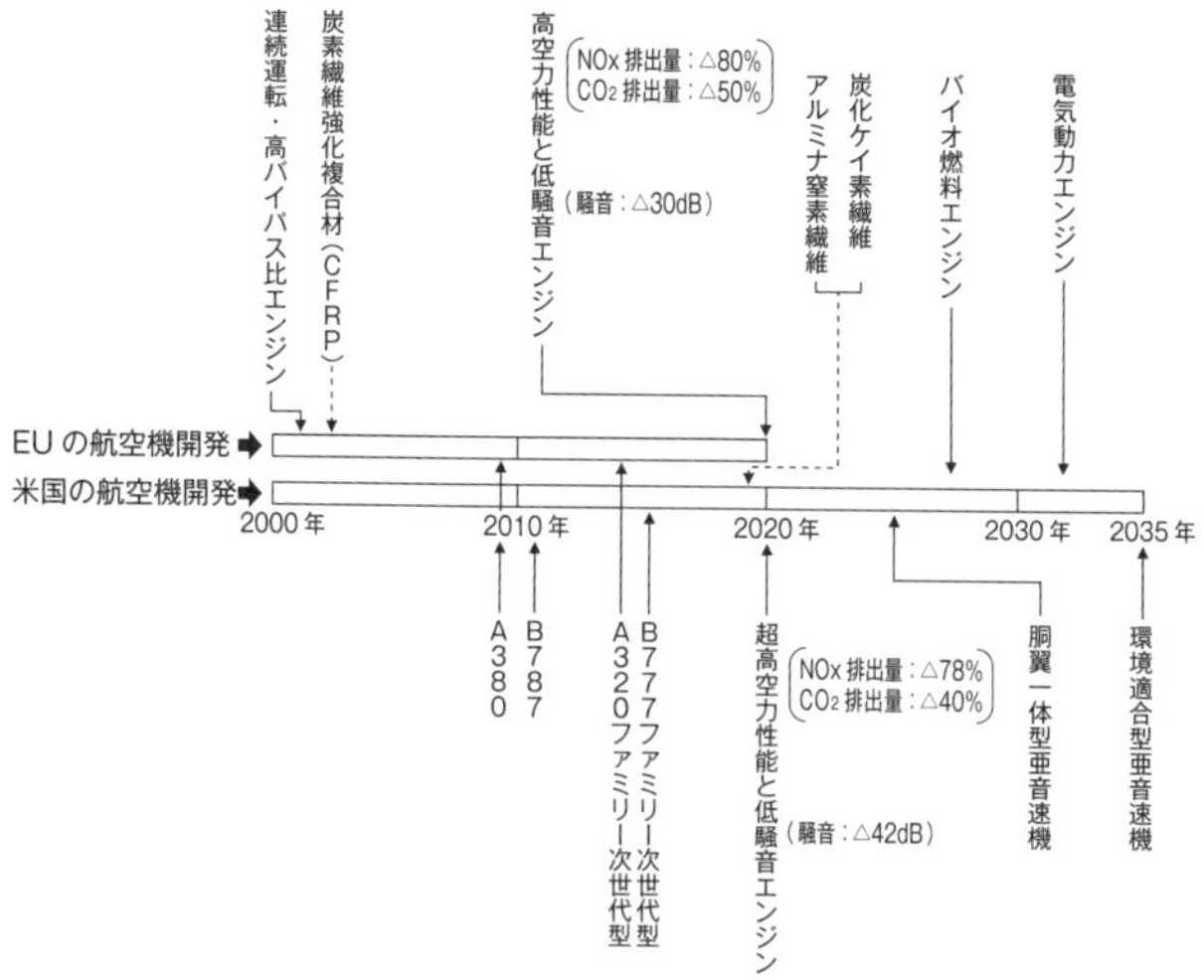

目標数値は生活環境にどう影響するか

それではこの目標に示された数値が私たちの生活にどのように影響するかを、もう少し身近な問題として見てみましょう。

世界中の国々はこの目標値を示した米国とEUがつくった亜音速旅客機のほとんどを使用しています。

つまり、この目標は世界の航空の目標値でもあるのです。

この目標値には、実に人類の自信と期待と願望がみなぎっています。

目標の航空機の部分を切り取ってもう少しわかりやすく時系列的に見てみると図2－1に示したようになります。

この目標は2000年につくられているので、

すでに15年を過ぎていますが、目標値として示されていたのが旅客機が大気中に排出する二酸化炭素（CO_2）を20％削減することと、１００万時間連続運転しても故障が起きないエンジンをつくることです。

実は２０１６年現在に活躍しているＢ７８７やＡ３８０は、１００万時間以上連続運転しても故障しない高バイパス比のエンジンの搭載や炭素繊維による機体の軽量化によって、この目標値を満たしています。

これが実現できたのは、図に示したように２００５年頃に炭素を素材とする炭素繊維強化複合材（ＣＦＲＰ）ができ、胴体や翼の軽量化による燃料の節減、機体の頑強化による高速飛行が図られたからです。

米国とＥＵは自信をもって次の目標に向かって進んでいるといっていいでしょう。

次の目標は、２０２０年までに２０００年値に比べてCO_2の削減量を40％、窒素酸化物（NO_x）の削減量を78％にする高空力性能をもち、なおかつエンジンや機体から発する騒音を42dB削減するという期待を込めたものです。

この目標はＢ７７７ファミリーの次世代型やＡ３２０ファミリーの次世代型でおおむね達成に向かいつつあるといわれています。

なんといっても野心的な願望を込めた目標は、２０３５年の環境適合機です。翼と胴体が一体化して調和と統合を保ち、機体の形と表面の材料を改良して機体に接して流れる境界層流の誘導抵抗をゼロにするなどの改善をして、環境にやさしいエコ機をつくろうというものです。

そのためには、炭素繊維が絡んで加工しにくいというＣＦＲＰの弱点を補い、ＣＦＲＰの性能を上回ると期待されている炭化ケイ素繊維やアルミナ窒素繊維が開発されなければなりません。炭化ケイ素繊維はＣＦＲＰよりも加熱が容易で、超高温に強く軽量です。またアルミナ窒素繊維はエンジンファン飛散時の貫通防止や耐腐食性に優れています。

炭酸ガス排出に無縁のバイオ燃料を使ったエンジンや電気動力を用いたエンジンの開発も目標に掲げています。

２０００年比でNO_x排出量を78%、CO_2排出量を70%、騒音を55ＬＤＮ減らす超高性能と超低騒音エンジンを開発できるかどうかが目標達成の鍵を握っています。

排出量の削減目標は、「気候変動に関する政府間パネル（ＩＰＣＣ）」の国際機関の要求を十分に満たしています。

この最終目標機である環境適合機とはどんな旅客機かを整理してみると次のようになります。

・できるだけ速い亜音速旅客機であること。
・100万時間以上飛行してもエンジンが故障しないこと。
・地球温暖化を助長する排出ガスを大幅に削減して、しかも自然環境にやさしい亜音速旅客機であること。
・地上とほとんど変わらない気圧・温度・振動の室内環境をつくって、乗客が快適に搭乗できること。
・気象の急激な変動にびくともしない亜音速旅客機であること。
・大幅な格安料金で乗客を輸送できること。

環境適合の中には、気象変動に強いことや格安運賃を実現することも含まれています。あとで説明するように、現在開発されている近未来と未来の亜音速旅客機は着実にこの最終目標に向かっています。

ここで米国とEUの開発目標の中で、航空機以外のことで出てくる言葉を正確に把握しておきましょう。

ATMとは

ＥＵの目標に出てくるＡＴＭとはすでに説明したように、航空交通管理（ATM：Air Traffic Management）の略称ですが、航空交通の基盤を整備して、航空交通業務を適切に管理し行うことを意味しています。

航空交通業務（ATS：Air Traffic Service）は、国際航空機関であるＩＣＡＯによって、国際民間航空条約の第11附属書に次のように決められています。

①航空機相互の衝突を防止する
②飛行場の中で航空機が移動する場所にある障害物と航空機との衝突を防止する
③飛行する航空機の秩序ある流れを維持、促進する
④航空機の飛行に安全かつ効率的な助言および情報を提供する
⑤捜索救難の援助を必要とする航空機について、適当な機関に通知すること、そして必要に応じてその機関を援助する

さらに附属書は、①から③までを目的とする業務を航空交通管制業務、④を目的とする業務を

飛行情報業務、⑤を目的とする業務を警急業務と名付けています。

これをわかりやすく説明すると、航空交通業務とは、フライトをする航空機に対して航空管制を行うこと、フライト中に適時必要な情報を提供すること、フライトを常時監視していて異常事態が発生したときは通信捜索に続いて救難を支援すること、この3つの役割に整理することができます。

航空管制機関のうち管制塔は①から⑤までの航空管制業務をすべて行いますが、他の航空管制機関のターミナルレーダー管制所と航空路管制所は、②を除く①から⑤までの航空管制業務をすべて行います。

航空管制とは

航空機が飛行場から離陸して、陸地や洋上を飛び、飛行場に着陸するまでの全行程に、安全（衝突の防止）と効率（秩序よく並んで飛行する）を与える仕事を行うことを航空管制業務（略して航空管制）といいます。

航空管制には、次の4つがあります。

①飛行場への離発着を行う航空機に安全と効率のために指示をする管制塔の飛行場管制

②離陸機と進入機の上昇・降下をレーダーで管制（衝突防止と秩序を与える）するターミナルレーダー管制
③航空路を飛行する航空機を管制する航空路管制
④洋上を飛行する航空機を管制する航空交通管理センターの洋上管制
　日本から洋上を飛行して外国へ飛行する航空機はすべて４つの航空管制を受けます。

　航空交通の基盤を整備し、これらの航空管制業務を行うためには次のことが必要です。限られた空域をどのように割り当てて飛行に有効な空域にするかという空域管理、飛行場や空港の整備、山などの高いところにレーダーアンテナを配置したレーダー網の整備、ＧＰＳや補強衛星を利用した衛星監視・通信網の整備と運用、飛行する航空機と地上の管制機関を結ぶ対空通信網の整備、空港や一定間隔をおいて地表に設置した航行援助無線施設の整備、国内外の管制機関や関係官署を結ぶ航空管制通信網・空港の航空灯火の整備、気象機関の観測・解析・予報通信網の整備などがあり、これらを適切に管理・運用して業務を行うことが求められます。
　④と⑤だけを行う機関には、管制機関の他にフライトサービスセンター（FSC：Flight Service Center）と呼ばれる気象や交通情報を航空機に伝える専門機関、航空路管制所の指示を

航空機に中継するレディオ局・リモート局、飛行援助航空局や、洋上を飛行する航空機の位置通報を管制機関に中継する国際対空通信局があります。

航空会社についても、運航に必要なさまざまな情報を航空機に与えているので④と⑤の業務を行う機関のひとつといえます。

また④だけを行う機関はＩＣＡＯの第15附属書に決められていて、ノータム（NOTAM：Notice To Airmen）と呼ばれる航空保安施設の異常状態などの情報を集めて、管制機関やフライトを行う航空会社などに配付するノータムセンターがあります。

さらに④を行う機関には、フライトに必要な情報をコンパクトな冊子に収録した航空路誌（AIP：Aeronautical Information Publication）、運行の安全・飛行方法・飛行技術・法律事項の情報を印刷した書面や、航空路図などの地図を製作し発行する機関などが第15附属書に決められています。

このように航空機の飛行を支援する機関やシステムが航空交通管理（ＡＴＭ）であり、その範囲は航空管制の現業から情報の収集・配布・出版に至るまでの広範囲に及びます。

ヨーロッパにおける解決途上の空域管理

次に、加盟国の領空を統合して、単一の空域をつくり航空交通管理を行おうとしているＥＵの単一ヨーロッパ空域（ＳＥＳ）の目標が掲げられた背景について説明しましょう。

地球上の大陸上空において安全かつ効率的な航空交通管理（ＡＴＭ）を推進する上で、いまだ解決途上にあるのがヨーロッパの地域です。

周知のとおり、ヨーロッパや南米、アフリカ大陸は、北米やオーストラリア大陸と違って多数の国々が隣接して成り立っています。

とくにヨーロッパはアフリカ大陸に比べて、国土面積の小さい国々が数多く隣接しています。ほぼ全世界の国々が締結する国際民間航空条約では、第１条から第３条で、国の領空にその国の主権を認め、他国の航空機が領空を通過するときは国の許可を得ることを決めています。

航空機は速いので、国の上空を通過するごとにいちいち国の許可をもらっていては煩雑になり、かえって危険です。そこでＥＵでは、ユーロコントロールという管制組織を結成して、加盟国上空の自由航行や航空管制の規格統一などを実施しています。

さらにＥＵにおいては、航空機の開発・進歩とともに、航空の安全と効率に欠くことのできないのが単一ヨーロッパ空域（ＳＥＳ）の実現なのです。

現在行われているような各国の上空を通過するごとに、違う国の管制機関の周波数に切り替えるのでは非効率なので、一定の高度以上の空域を統合して、ひとつの空域にして一元的に管理し、東西南北に等間隔の基幹航空路を設定するなどして効率的に使おうという単一ヨーロッパ空域（ＳＥＳ）の構想を打ち出し、早くから準備を進めています。

構想の基本は、衛星を利用した基幹航空路の使用時間と各国の軍用空域の使用時間との調整を密にして、ＥＵ全体として現在よりもより安全で効率的な運用をしようというものです。

しかし各国間で国家保全上の考え方の違いやＡＴＭ技術の差などの問題があって、いま一歩のところで足踏みをしているのが現状です。

２０１６年現在統合されているのは、ドイツ、オランダ、ベルギー、ルクセンブルクの４カ国の２万５０００フィート以上の上空のみです。

航空管制を行うために区別される空域

ＩＣＡＯに加盟している国は、ＩＣＡＯが指定した空域（分担空域）内で、必ず責任をもって4つの航空管制を行わなければなりません。

飛行する航空機に最低限行わなければならないのが、飛行に必要な情報を提供することなので、各国が分担する空域を飛行情報区（FIR：Flight Information Region）といいます。

飛行情報区は、管制区（管制が行われる空域）と非管制区に分けられ、管制区はそれぞれの国の判断によって、管制圏（飛行場管制が行われる空域）、進入管制区（ターミナルレーダー管制が行われる空域）、航空路、これ以外の管制区や軍用空域に分けられています。
また完全にQNEだけの航空管制が行われる空域を高高度管制空域、QNEとQNHの両方が行われる空域を低高度管制空域と呼び、区別しています。

航空機開発における地球温暖化への配慮

米国、EUが設定した目標値や日本のJAXAの計画は、航空機を構成する機器やソフトの新規開発の技術的可能性や実用化の時期を見通してつくられていますが、なかでも重要視されているのが21世紀の人類の課題とされている地球温暖化への配慮です。

旅客機が航行時に排出するガスの量は膨大で、ICAO（国際民間航空機関）や航空輸送事業を代表するIATA（国際航空運送協会）もその大幅な削減を提唱しています。

航空機の排出物による地球温暖化の影響については、ICAOなどの要請に応え、世界気象機関（WMO）と国連環境計画（UNEP）により設立された「気候変動に関する政府間パネル（IPCC）」で、1999年に特別報告書（第1次報告書）が発表されました。

これに基づいてICAOでは、全世界の燃料効率の年に2％の改善、IATAでは、2005

年レベルに対し２０５０年までにCO_2排出量半減という数値目標を掲げ、国際協調による航空の環境インパクトの低減を目指してきました。

＊その後ＩＰＣＣは数次の報告書を経て２０１４年に第５次報告書をまとめましたが、これには「地球気温上昇を産業革命前から２℃未満に抑える国際合意を達成するには、温暖化ガスの排出を２０５０年に10年比25～72％減らす必要がある」と記されました。

これを受けて２０１５年11～12月にパリで開催された国連気候変動枠組条約第21回締約国会議（ＣＯＰ21）では、おおむねこれに沿った内容が合意され、今世紀末には人間活動による温室効果ガスの排出量を実質的にゼロにしていく目標が掲げられました。

この内容はＩＰＣＣ第１次評価報告書よりも緩やかなものになっていますが、ＩＣＡＯもＩＡＴＡも数値目標を変更していません。

旅客機が装着しているジェットエンジンは、圧縮空気と燃料の高温高圧燃焼により、二酸化炭素（CO_2）に加え、窒素酸化物（NO_x）、水蒸気（H_2O）、水素、エアロゾルを排出します。

CO_2は地球規模の温室効果ガスとなり、NO_xは地域的に対流圏に存在するオゾン層の生成やメタンの減少を引き起こします。H_2Oは飛行機雲や巻雲の形成の原因となります。

水素は宇宙空間に向かう赤外線放射を捕捉し、小規模の温暖化効果を、エアロゾルは硝酸塩が中心で、太陽光の反射や冷却効果をもたらします（水素もエアロゾルともに滞留期間は短かく、影響は地域的ですが）。

エンジン開発にあたっては、これらの排出ガスの気候への影響因子を特別報告書の基準まで下げることを目標にしています。

現在、米国、ＥＵが国家目標を設定してから最初の15年（Ｎ＋１）が過ぎましたが、その間に技術的改善がなされて就航している航空機と、まもなく就航しようとしている航空機について見ていきましょう。

第3章

「次世代航空輸送の目標」に向かって開発された航空機

航空機の改善と進化

航空機が誕生してからまだ100年そこそこしか経っていませんが、この間の航空機開発と製造技術の進歩は先進諸国の産物の中でも群を抜いています。

ひときわ目立つのが1990年代に入ってからの技術です。

それまで機体に使用していたアルミニウムを素材の革命児ともいわれる炭素繊維に転換したことにより一挙に機体の軽量化と強靭化が進み、衛星の利用などとあいまって燃費の向上だけでなく航空事故も激減しました。

航空機の進歩は、エンジンと機体と航法性能の3つの視点から見ることができます。

ここでは1990年代に実用化され今日に至っている最新の技術に着目してみたいと思います。

1990年代以降に就航した航空機の技術

それまでの問題を一挙に解決し、革新技術を盛り込んだのが1990年代に世界各地で就航した米国のB777と欧州のA340に代表される技術です。

その中心となるのが、チタン・アルミ合金を使用した耐高温性のエンジンと、胴体と翼などに炭素繊維強化複合材（CFRP：Carbon Fiber Reinforced Plastics）を使用して軽量化された機体と、ダウンサイジングのコンピューターの搭載と衛星を利用した航法技術です。

航空機はしばしば極限状態の中を飛行するので、高い信頼性を必要とします。

１万ｍの高空を飛行するには、地表の大気圧の４分の１に耐え得る「気密性」と上空温度マイナス55℃に耐える「耐低温性」がなければなりません。

戦闘機では急上昇、急旋回などで機体に機体の重さの９倍の９Ｇがかかるのに対して、旅客機でも緊急操作のときには５Ｇがかかるといわれており、このような状態における耐高重力性がなければなりません。

またエンジン内部では高温環境が実現できれば、それだけ連続運転と効率性の高いエンジンがつくれます。

現在、これらの改善が集大成されたのが、最新鋭機として就航しているＢ７８７とＡ３８０であり、試験飛行中のＡ３５０ＸＷＢだといわれています。

Ｂ７８７の安全・効率と快適性

Ｂ７８７の第一の特徴は長距離を飛行できることです。

図3-1　ボーイング787

２００９年に最新の中型旅客機として初飛行したB７８７（図３－１）は、中型だけど長距離を飛行でき、大都市のハブ空港だけでなく、洋上をまたぐ全世界の主要都市と地方都市間を直行して利便向上を図ることを狙いとして生まれた安全と効率のよい性能をもつ航空機です。

標準型の７８７－８は２４２席、ストレッチ型の７８７－９は２８０席、同じくストレッチ型の７８７－10は３２３席が収容できます。

長距離を飛行できる理由は、機体重量の半分をカーボンと呼ばれている炭素繊維の糸を束ね、樹脂とともに重ねたものを焼き固めてつくった軽くて強い炭素繊維強化複合材（CFRP）を使っているからです。

カーボンはアクリル繊維を約１０００℃という特殊な条件でつくった直径5ミクロンの炭素繊維で、引っ張る力や弾性力には強いが、圧縮する力に弱いので、この弱点を解消したのが、CFRPです。CFRPは比重がアルミニウムの3分の2で強度はアルミニウムの5倍という性質をもち、これによって機体の重量はそれまでの2分の1に軽減されました。

さらにチタンに比べてCFRPのほうが剛性に優れており、なめらかに変形するので、機体全体の流体効率の損失が抑えられます。

また主翼に発生するねじれ現象や振動を吸収するため、胴体の中央部と主翼の接合にCFRP製のマッチ箱ほどの箱を縦に並べて接合した翼と一体になった中央翼を使っています。

燃料にかかる費用（燃費）は、従来のアルミニウム製航空機に比べて同じ量の燃料でプラス20％も長距離飛行ができ、燃料効率がよく経済性の高い航空機といえます。

B787が長距離を飛行できる出力を生み出しているのは、なんといっても搭載されているエンジンです。

エンジンは**図3－2**に示したように、ターボファンエンジンと呼ばれ、ファンを回して空気を大量に取り入れ、後方のコンプレッサーで圧縮して燃焼室へ送るようになっています。

搭載しているロールス・ロイスの「トレント1000」のエンジンは、ファンの形状や燃焼室

図3-2　ターボファンエンジンの仕組み

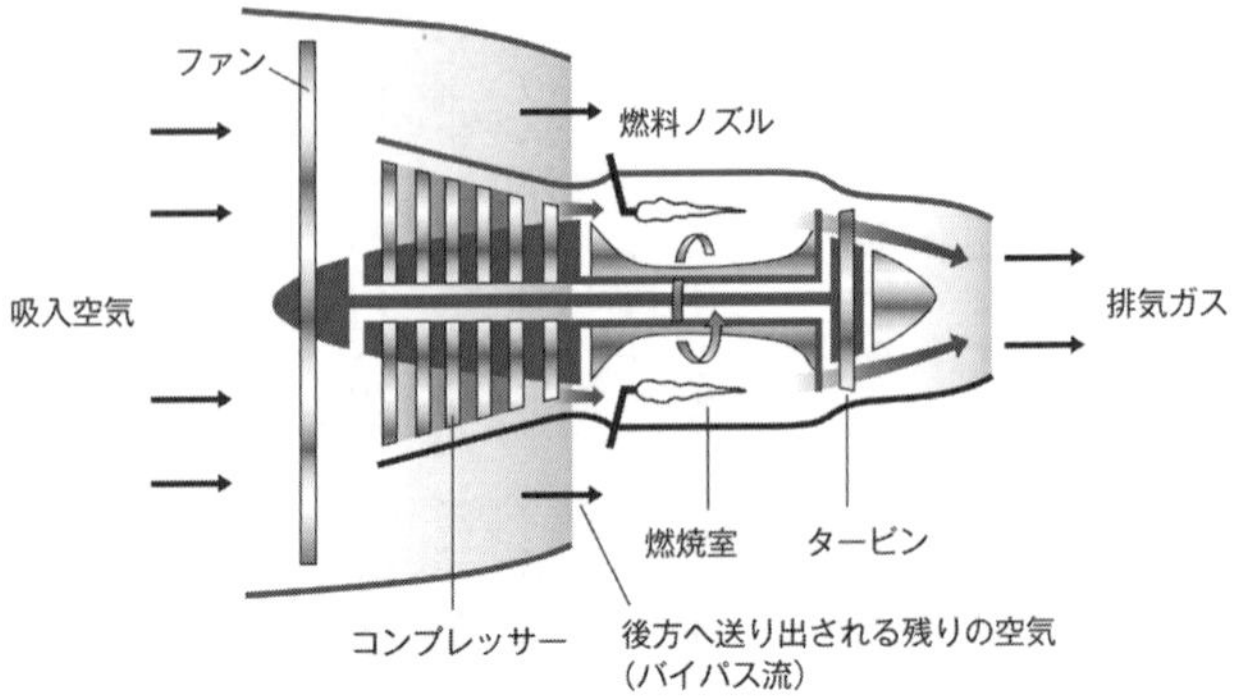

の材料も改良され、エンジン自体の燃焼効率もよくなっています。

燃焼に使われる空気と後方へ送り出される残りの空気の比率（バイパス比）が、従来の8・5～8・7（トレント900）に比べて10・0～11・0と改善されていて、燃料を無駄なく燃焼させるようになっています。

これによってB787は、機体全体で燃費が従来型と比べて20％も改善されています。

エンジンナセル（エンジン入り口のカバー）は、前縁部の形状の工夫により自然層流が流れるようになっており、摩擦抵抗の低減に貢献しています。

B787では機械がパイロットの操縦を綿密に補佐してくれます。

エンジン制御、機体制御、ナビゲーションのネットワー

図3-3　B787のウィングレット

クシステムは改良され、集約された大型コンピューターによって各システムをバランスよく管理します。設定されたルートを自動で安定して飛行することはもちろん、乱気流に遭遇しても機体やエンジンを細かく制御して、機体が大きく揺れないようにしています。

仮にバードストライクで片方のエンジンが止まっても、これまではパイロットが手際よくさまざまなコントロールを行う必要がありましたが、コンピューターが最適な機体の状態を保つように自動で翼の動きを制御してくれます。

Ｂ７８７の第二の特徴は、誘導抵抗や空力抵抗の軽減による速度の速さにあります。

Ｂ７７７やＡ３８０などは巡航速度がマッハ０・

84〜0・85なのに対して、B787はマッハ0・85〜0・86を維持することができます。

また上昇性能や降下して滑走路に近づいたときの低速性能もよいので小回りが効き、飛行経路の途中で前の航空機を追い抜くことができます。航空管制の原則は「First Come, First Service」ですから、到着が早い分だけ早く着陸できるということです。

B787は状況に応じて遅延をとり戻し、定時性を確保できる柔軟性をもっているのです。

翼端にも、速度を速くするための工夫があって、図3―3に示したように従来のB737―800やB767―300に取り付けられている上方に折れ曲がったウィンググレットよりも小さい面積、小さい構造重量、回遊魚のマグロの尾のような三日月型の曲がった形状で、従来のウィングレットと同等以上の摩擦抵抗と誘導抵抗を低減する効果を出しています。

抵抗とは

航空機が水平飛行をしている場合を考えると、垂直方向には重力（航空機の重さ）と揚力が釣り合っていて、水平方向には抗力よりも大きい推力によって前進します。

抗力とは抵抗のことです。

抵抗には、空気が機体の表面に沿って流れるときに表面に発生する「摩擦抵抗」と、翼端などに発生する空気の流れの渦巻き（乱れ）によって発生する「誘導抵抗」があります。抵抗が大きいと、その分だけ大きな推力を必要とするので、多くの燃料を必要とします。抵抗は、主翼、胴体、尾翼、エンジンナセル、脚などに発生します。
少ない燃費で速い航空機の開発には、これらの形状や表面の工夫が不可欠です。

また主翼の外弦に取り付けられているフラップ（揚力を増すための補助翼）の機構を簡素なものにし、フラップの前方上面にスポイラー（揚力を減らすための突起物）を取り付け、下方にも変角ができるようになっています。

このフラップとスポイラーは舵角を微小に修正することにより、揚力分布を積極的に最適化し、誘導抵抗の低減を図っています。

簡素なフラップの形状は主翼の取り付け部の整形用カバーを小さくできるので、空力抵抗の低減とともに構造重量の削減にも貢献しています。

B787の第三の特徴は、空力抵抗が低減されているだけでなく、発生する揚力が大きいのでより高いところを飛べることです。

滑空・上昇性能向上のため、Ｂ７８７は翼がとても長く、機体の翼幅と翼弦長の比率（アスペクト比）が約11と従来機の値に比べて大きくなっています。

また翼に使われているカーボンの複合材（ＣＦＲＰ）は丈夫なので、アルミでは不可能だった翼型形状をつくることができます。

これによって翼の両端部での空気の流れがよくなって誘導抵抗が小さくなり、燃費が向上します。

しかしＣＦＲＰではアルミ合金に比べて大きな変形を加え、歪みが生じるところでの使用となるため、空力荷重による形状変更を考慮に入れた空力と構造とを統合させた最適設計がなされています。

翼の中には燃料が格納されています。

燃料はマイナス47℃で凍結し、このためエンジンが停止してしまうこともあります。

ジェット気流の上のほうは高度４万フィートにもなるので、機体の外の温度はマイナス70℃を超えることもあり、燃料はだんだん冷やされていきます。

一般にアルミ機体の航空機は燃料がマイナス47℃になる前に高度を下げる必要がありますが、

高度を下げて速度を上げるとなると、気流が悪いときは揺れが激しくなり、燃費も悪くなります。しかしB787の翼はCFRPでつくられているので、熱の伝導性が低いため凍結することはなく、その必要はありません。

第四の特徴は搭乗者の快適性です。

機体の加速度がゼロに保たれ一定の速度を維持し、ジェット気流のさらに上空を巡航しているときは揺れがなく、安心して快適な空の旅を満喫することができます。

旅客機が高度1万m付近の高度を飛ぶと、空気の密度は地上の2分の1ぐらいしかありません。そこで客室に適量の空気を送り込んで与圧が行われます。

B777は客室の気圧を高度8000フィート（2440m）相当に設定していますが、B787の場合は6000フィート（1830m）相当の圧力に設定しています。

このため乗客は耳がツーンとすることもなく、長距離を乗っても疲れをそれほど感じません。

しかも窓はCFRPのおかげで、大きさは従来の約1・3倍、日よけは電子式シェードになって、ボタンで5段階の明るさに調節できます。

また一般に湿度が高いと機体材料の腐食が進むため、客室内の湿度は数%にしかできませんでした。

しかしＣＦＲＰは腐食の心配がないことから、空調システムに加湿器の機能を備え、湿度を十数％まで高めています。

長時間のフライトで、のどがからからになり肌が乾燥することが抑えられ、快適な旅が満喫できます。

ジャンボ機よりも大きいＡ３８０の安全・効率と快適性

Ａ３８０（図３−４）は、欧州の国際共同航空機会社であるエアバスが、ボーイングのジャンボ機（Ｂ７４７−４００）に対抗して、20世紀末期に選んだ次世代航空機です。

Ｂ７４７−４００と同じように世界中の幹線（ハブ）空港間を安全で効率よく大量輸送ができる、史上最大の旅客機を目指して開発され、Ｂ７４７−４００より性能がよいといわれています。

「スーパージャンボ」機と呼ばれるＡ３８０は、「ジャンボジェット」の愛称で親しまれたＢ７４７−４００型機よりも1・5倍も大きく、最大重量が５６０トン。そしてその機体を軽々と浮揚させる、推力34・5重トンのターボファンエンジン４基を搭載した旅客機です。

Ａ３８０を前から見ると、胴体の大きさに比べて主翼が長いことがわかります。

図3-4　エアバスのA380　©AIRBUS

その面積は左右合わせて845㎡、バスケットコート2つ分に及び、この主翼と胴体で全幅は79・75m。主翼にはそれ自身の重さに加えて、1基約6.5トンの巨大なターボファンエンジンが、左右合わせて4基も付いていますが、軽くて強靭なアルミニウム合金によって支えられています。

主翼には大量の燃料が溜められていますが、水平尾翼にも溜められており、その燃料の重さの分だけ、主翼の付け根にかかる負担を小さくしています。

また主翼の先には「ウィングチップ・フェンス」と呼ばれる小さな「矢じり」のようなものが付いていて、翼の下面から上面へと空気が流れ込んで渦をつくらないようにし、これだけで燃費を5％向上させています。

「スーパージャンボ」の大きな特徴は、史上初の総2階建ての客室で、最下部の貨物室を加えて3層構造になっていることです。

このため胴体は、卵の殻のようなセミモノコック型になっていて、上空1万mを飛行すると、機体の内側と外気に触れる外側で、外のほうに膨らむ方向に1㎡あたり6トンもの圧力差がかかるのに、余裕をもって耐えられるようになっています。

これは、胴体の素材にアルミニウム合金に加えてCFRPを使用しているからなのです。

A380では、CFRPをはじめとする複合材料を機体全体の約25%の部分で使用しており、従来の設計よりも15トンの重量軽減に成功しています。


巨大な機体を円滑に操縦するためにも、さまざまな最新技術が取り入れられ、また工夫がなされています。

エンジンを見てみると、従来より騒音が少なく燃費のよいバイパス比8・5~8・7の「トレント900」を使用し、バイパス比8・7の「GP7200」と呼ばれるターボファンエンジンと交換しても同じ性能を維持します。

トレント900は、直径116インチのファンをもっており、推力は約34・5重トン。ロールス・ロイスがこれまで製造した中で最も大型で、最も強力なエンジンです。

ターボファンエンジンの仕組みは、図３－２に示したように外部からファンによって取り込まれた空気がふた手に別れ、中心付近の空気は、圧縮機、燃焼室、タービンを通過したあと、後方に噴出されて推力を生みます。

ファンを通過した残りの空気は、バイパスを通って推力の流れを包むようにして後方に流れます。

バイパス比が大きいと、大量の空気がバイパスを高速で流れ、推力の90％以上を生み出すとともに、バイパス流が騒音を消す役目をして、効率的かつ環境にやさしいに推力を得ることができます。

エンジンは、先端が三日月型の後退翼ファンブレードを採用し、騒音を抑え空力効率を高めています。推力重1トンあたりの排出量では、世界で最もクリーンな大型ターボファンエンジンです。またエンジンの中央部にはらせん模様の小さい突起がつくられていて、鳥の衝突（バードストライク）を防ぐ他、整備士によるエンジンの停止・回転の判別を容易にしています。

これだけ巨大な機体を安全に着陸させるためには、ブレーキにも工夫が必要です。

接地すると同時に主翼の上にあるスポイラーが立ち上がり、ランディングギアに装備されたブレーキが働き、エンジンを逆噴射します。

このランディングギアには、機体前方に付いたノーズギア（2輪）、胴体に付いたボディギア（12輪）、主翼に付いたウイングギア（8輪）の計22個のタイヤがあります。万一ブレーキがかかった状態で接地するとパンクする危険があるため、ディスクブレーキを制御するシステムには、接地してタイヤの回転を感知しないとブレーキが作動しない「接地保護機能」を搭載。さらに着陸の際の衝撃を弱めるため、オレオ式緩衝装置が装着されています。

この装置は、シリンダー内に油と圧縮ガスが封入され、着陸の際にシリンダー内の狭いすき間を油が通るときに発生する摩擦によって衝撃を吸収します。

またA380を含む現行のエアバス機でこれまでの航空機と違うのは、パイロットの負担を軽減するため、操縦桿を廃止し、操縦席の横に取り付けられた「サイドスティック」を採用していることです。

サイドスティックは、MT（マニュアルトランスミッション）車のシフトレバーのような形をしていて、計器とパイロットの間にさえぎるものがなく、腕を上げる必要もないため、長時間のフライトでも疲労が蓄積しないで、座席の前面のスペースに引き出し式のテーブルや折り畳み式キーボードを取り付ける利点などが生まれました。

パイロットは、サイドスティックでエレベーター（昇降舵）やエルロン（補助翼）を操作し、スロットルレバーでエンジンの出力を調節し、フラップレバーでフラップの角度を調節します。

航空機の速度、高度、機体の姿勢、進路、気象などの情報は、液晶ディスプレイ（グラスコクピットと呼ばれています）に集約されて表示されます。

このシステムは最新旅客機には共通して採用されており、このおかげでパイロットの負担が大幅に軽減されました。

しかしA３２０シリーズの導入時には、それまでのハンドル式の操縦桿に代わって慣れないサイドスティック操作によるインシデントやアクシデントが比較的多く発生したといわれています。

新機種の導入時にありがちな技術の完整・完熟を得ないまま事故に至るケースは、新興国を中心に起きています。操縦桿の変更に限らず、Ｂ７８７のリチウムイオン電池の初期インシデントの発生など機体や装備の変更にかかわるものも少なくありません。

主要都市間を自由に移動できる「Honda Jet」

日本のメーカーがつくった航空機で世界の注目を集めているのが、本田技研工業（ホンダ）

がアメリカに設立した、ホンダエアクラフトカンパニーが製造する、7人乗りの小型ビジネスジェットの「Honda Jet」(図3－5)です。

航空機の生産というと、機体は航空機メーカー、エンジンはエンジンメーカーというように分業してつくられるのが一般的ですが、Honda Jetは少し違います。

エンジン「HF120」は、ホンダとゼネラル・エレクトリック(GE)・アビエーションの合弁企業によって開発され、機体はホンダが開発・製造しました。

ビジネスジェットとは、公共の交通機関としてではなく、企業や個人がビジネス用に使用する定員が数名～20名程度のジェット機のことです。

日本のような島が多い国では、Honda Jetは政府の要人輸送などに使用されるだけでなく、離島の旅客輸送にも利用される可能性があり、ここで取り上げることにしました。

ホンダは軽量・コンパクト・高性能のエンジンを搭載して、世界を自由に移動できるコンセプトのもとに、広大な大陸の主要都市間を結ぶ移動を容易にしました。

ちなみに航続距離は2185㎞で、ロンドンからローマ、ニューヨークからシカゴといった範囲の主要都市へのフライトを可能にしました。

他のビジネス機にはない主翼上面にエンジンを配置し、自然層流翼と自然層流ノーズを生み出

図3-5　Honda Jet　本田技研工業㈱提供

し、一体で成形する新複合材製の胴体、室内空間の静粛性・快適性を向上させています。

最大巡航速度は高度３万フィート（９１４４ｍ）で７７８㎞／ｈ（４２０ノット）、実用上昇限度は４万３０００フィート（１万３１０６ｍ）、上昇率は３９９０フィート／min（１２１６ｍ／min）とジェット旅客機並みの性能をもっています。

最新のエンジンの安全性と排出ガスの環境適合性

これまでに説明したように、旅客機の大部分のターボファンエンジンは、イギリスのロールス・ロイスのトレントという名称のエンジンが主力となって搭載されてきました。

例えばトレント７００（エアバスＡ３３０用）、トレント８００（ボーイング７７７用）、トレント５００（エアバスＡ３４０用）、トレント９００（エアバスＡ３８０用）というように、順に燃料の燃焼の高効率、エンジン騒音の低減などが図られてきました。

ところがボーイング787のエンジンでは、国際共同開発化が促進され、イギリスのロールス・ロイスのトレント1000でも、米国のゼネラル・エレクトリック（GE）・アビエーションのGEnx-1Bのどちらのエンジンでも交換が可能になり、同じことがA380のエンジンでもできるようになっています。


B777やA340に搭載されたトレント800やトレント500のエンジンは、それまで容易にできなかった、1時間あたり10億分の1以下という故障の発生率を達成し、安全性の高いエンジンをつくることに成功しました。

これは、エンジンシステムの制御技術に加えて、レーザーによる治工具・金型などの特殊加工技術やチタン合金、炭素繊維複合材などの素材技術が進展したからでした。

1980年代に開発のピークを迎え、その後実用化された耐熱材料は、エンジンの入り口温度の高温化に成功し、バイパス比の大幅な改善をもたらしました。

先に説明したように、バイパス比とは、後方へ送り出される空気と燃焼に使われる空気の比率をいい、バイパス比が高ければ高いほど、燃焼させる空気の量が少ないので、燃費を向上させることができます。

Ｂ７８７に使われているＧＥ・アビエーションのGEnx-1Bのエンジンは、バイパス比が９を超える燃費のよいターボファンエンジンです。

ターボファンエンジンは、ターボジェットエンジンが圧縮機で圧縮した空気のすべてを燃焼室へ送るのに対して、エンジンの最前方にある大きな風車のようなファンで空気を圧縮して、圧縮されたほとんどの空気は燃焼室を経由しないで、そのまま外に排出します。

燃焼室に送られた空気は、数段の圧縮機を通り高温になり、吹き付けられる燃料と化学反応を起こして爆発し、高いエネルギーを生じます。

高温で後方に排出される排気ガスは、ファンによって生み出された空気が加わって空気の流量が増し、エンジンの推力が増加します。

ジェットエンジンの騒音のほとんどは排出するガスが大気を切り裂くときに発生しますが、ターボファンエンジンはこの音を空気のカーテンで覆ってしまうので、静粛性に優れたエンジンといわれています。

また、燃焼室では事前に燃料と空気を混合して気化させたものを渦巻き状にして噴出することで、含まれている窒素と空気の反応を抑制し、窒素酸化物（NOx）の発生を低下させています。

米国の連邦航空局（ＦＡＡ）は２００１年に、地球温暖化を低下させる航空機の排出ガスの成分などの適正な環境適合基準を示しましたが、GEnx-1Bのエンジンはこの適合性基準を満たしています。

それは、タービン部材であるニッケル（Ni）基の超合金の上に耐酸化層の金属中間層を設け、その上に熱遮蔽コーティングを施すことで耐熱化の向上が行われ、排出ガスを高温で燃やすことができるからなのです。

Ｂ７８７に使われているもうひとつのロールス・ロイス製のトレント１０００のエンジンも、ほぼ同じ原理で騒音を低下させ環境適合性基準を満たすとともに、燃費を向上させています。

エアバスＡ３８０に使われているエンジンは、ロールス・ロイス製のトレント１０００のひとつ前のトレント９００と、ＧＥ・アビエーション製のＧＰ７２００のいずれも使用できますが、どちらもＦＡＡの示した環境適合基準を満たしています。

現在開発されている最新のエンジンは、ターボファンエンジン内部の羽根（ファンブレード）

にチタン合金の比重の３分の１の複合材料を採用したのでファン径を大きくしても、ファン１枚あたりの重量を50ポンド以下に抑えることができ、エンジン自身の軽量化とともに推力重量比を向上させました。

またバードストライクなどによって、万が一運転中にファンブレードが根元から破断しても、その損傷は外部には拡大しないというＦＡＡの認定目標を達成しています。

その陰には、ＣＦＲＰを利用してブレードの根元の高ひずみ速度や応力分布を克服するための特別な設計があります。

一方でＣＦＲＰは耐腐食性が低いので、今日までチタン合金とのハイブリッド構造が多用されてきました。

世界で屈指のエンジンメーカー、ロールス・ロイスとプラット・アンド・ホイットニー（Ｐ＆Ｗ）は、チタン材の中空ファン翼を採用して重量軽減を図っています。

ロールス・ロイスの初期ファン翼はチタンハニカムのサンドイッチ構造で、拡散接合（ロボットを使って複数枚を同時に溶接する）によって整形されています。

またＰ＆Ｗが、Ｂ７８７の改良型を含めてそれ以降（トレント１０００シリーズ以降）の航空機に導入しようとしているエンジンは、３枚のエンジンブレードに拡散接合と超塑性加工によって成形されています。

これから就航する最新航空機

現在最新の次世代型機はB787シリーズです。

このエンジンや機体に用いられているのが、貫通、損傷、疲労、腐食に強い耐久性に富む、炭素繊維を重ね合わせた複合材ケーシングです。

CFRPは加熱プロセスに高コストを要するので、CFRPに代わる非加熱複合成形技術で材料の成形を可能にするものです。

次章でも詳しく述べますが、複合材ケーシングは、金属の約2分の1の比重である炭素繊維等(ファイバー繊維)を積層した複合材によって構成され、軽量化と同時に従来の複合材では困難であったエンジンファン飛散時の貫通防止や耐腐食性などを改善します。

これによって安定したエンジンの連続運転時間はさらに延びることになり、動力の永久安全性に近づくことになります。

またB787の改良型であるB787-9は、B787のエンジンナセルを改良して自然層流を増加させ、垂直尾翼前縁に層流をコントロールするＨＬＦＣ（Hybrid Laminar Flow Control）装置を取り付けて、尾翼の抵抗を低減させさせました。

さらにボーイングは、２０１７年運用開始を目途にＢ７８７－10の開発を進めています。Ｂ７８７－10はＢ７８７－９より15％胴長ですが、改良を重ねた結果、競合機のＡ３５０－９００よりも11％も燃費を向上させ、長距離用のＡ３５０－１０００と比べても５％の燃費向上を達成しています。

欧州で現在、Ｂ７８７－10に対抗する中型旅客機として開発されている次期主力機に、エアバスのＡ３５０ＸＷＢがあります。この機は欧州が力を入れている最新の環境適合機です。全長32ｍ×幅６ｍの世界で最大の民間機用単一複合材部品を使用し、部品重量１・２トンの70％が複合材でできています。

エンジンはロールス・ロイスが開発中のトレントＸＷＢで、１５０時間の耐久試験を終了し、25ポンドの最大離陸推力状態で鳥吸い込みの試験をしたところ、なんの問題も発生しなかったことが確認されています。

２０１４年４月には３号機が試験飛行でイギリスのコッツウォルズ空港に着陸。２０１４年５

月には2号機がアメリカのマッキンリー（デナリ）にある気象試験場で環境テストを行っています。

環境テストでは、熱帯の高温・多湿環境から寒冷地の極寒環境まで、さまざまな気象条件下で航空機の全システムの機能試験が行われました。

また同時期に4号機がフランスのイストル空港で、140ノットで深さ29㎝の水溜りを通過する水吸い込み試験に成功し、この時点で350回の飛行試験で1600時間の飛行を行って環境適合試験に合格しています。

ちなみにJALは、中長距離路線用の更新機体として2019年運行開始を目途に、A350－900を18機、A350－1000を13機、オプション機を25機の購入契約を結んでいます。

続いて次章では、未来の旅客機を支える要素技術と、各国が開発している近未来と未来の旅客機、さらには再び超音速旅客機に挑戦する各国の目標と計画を見てみましょう。

第4章

未来の旅客機

未来の旅客機を支える要素技術の開発状況

わかりやすくするために、最初に運航の段階に関係なく、これからの航空機の性能向上に資すると考えられる要素技術について見てみましょう。

要素技術とは、この技術が完成して使用されると、使用された側に飛躍的な性能向上をもたらす技術のことをいいます。

なんといっても、これからも機体の性能を左右するのは、機体を形成する材料です。

CFRPはアルミニウム合金では成し得なかった機体の高強度と軽量化をもたらしましたが、加工が難しく手間がかかるのが難点です。

素材のコストと加工の人件費もかさみ、アルミの6~7倍の製造費になるといわれています。CFRPの組み立てで最も苦労しているのが、穴開け加工です。CFRPは硬質な素材であると同時に、穴を開けると繊維が外に飛び出してしまうのです。

材料と人件費を含めた初期工費を節減するために、またさらなる軽量化を目指して、これからも新材料の開発が続けられるでしょう。

そのひとつとして注目されているのがアルミリチウム合金です。水より軽いリチウムをアルミニウム合金に１％添加すると、剛性が約６％向上し、密度は３％低下します。リチウムの特性を取り入れた新しいアルミリチウム合金は、力がかかる方向によって物理的性質が異なることやコスト高を改善したものです。

Ｂ７７７にはすでに音響吸収材として、またＡ３８０には主翼の一部に採用されています。アルミリチウム合金は高温に耐えられるので、エンジン部品の素材としても開発が進められています。

これまで使われているニッケル合金の半分の比重で強度と耐熱性が得られるので、エンジンの軽量化、ひいては機体の軽量化に寄与します。

ＣＦＲＰの弱点を補う材料としては、アルミニウムを基盤的材料としたアルミナ繊維、アルミナ窒素繊維、炭化ケイ素繊維、窒化ケイ素繊維、ナノマテリアルなどの新複合材も軽量強化材として有望視されています。

これらは複合材ケーシングと呼ばれ、金属の約２分の１の比重の炭素繊維等を積層した複合材によって構成されています。

ＣＦＲＰの過熱プロセスの高コストを抑え、軽量化と同時に、エンジンファン飛散時の貫通防止や耐腐食性を目指します。

とくに炭化ケイ素繊維は、超高温に強くて軽量なので、日本カーボンや宇部興産、米国のゼネラル・エレクトリック（GE）などが、エンジン素材として量産化に取り組んでいます。

また、将来有望な素材で研究段階にあるものとしてセルロース・ナノ・ファイバー（CNF）があります。

CNFは、パルプ、雑草、野菜の搾りかすなどを材料として、材料の5000分の1から10万分の1の繊維をつくり、これを結合して固めたものです。

これらの材料は無数の繊維が絡まってできているので、テンポ（TEMPO）と呼ばれる触媒を使って繊維をほぐれやすくします。

CNFは鉄の7分の1の重さで鉄よりも固く、原材料の20%以上の軽量化を図ることができ、しかも熱に強く、高温で加工しやすい特徴をもち、酸素を通しにくいので製品の劣化を防ぐことができます。また樹脂に1%混ぜると強度が高まることでも知られています。

現在は家電・Wi-Fi製品・自動車などの部品やガラスとして使われようとしていますが、高価なのが難点です。

早晩、張力（引っ張る力）・曲げモーメント（回転させる力）・剪断力（切る力）や振動などにも強い製品が開発されれば、航空機の部品にも採用されるものと予想されます。

より軽くて強い新複合材が生み出されることによって21世紀後半には、構造と材料分野の連携によるモーフィング技術（飛行条件に応じて機体の形状を滑らかに変形させる技術）の利用など、それまでに積み重ねられる材料技術、機体技術や航法技術などを利用して、再び採算の取れる安全で環境性に富む超音速旅客機の開発が容易になるでしょう。

また流体制御では、超小型電子デバイス技術（MEMS：Micro Electro Mechanical Systems）や、制御技術との連携、乱流抵抗低減のための表面加工と処理技術との連携が進むでしょう。

これからの環境に適合したエコな航空機の開発には、頑強な軽量素材でいかにして空力技術の進歩と改善を図るかが課題です。

現在就航している最新のエコ機であるＢ７８７には、空力抵抗低減のための主翼のアスペクト比の低減、揚力の発生にともなう誘導抵抗の低減、エンジンナセルの自然層流による摩擦抵抗の低減、ウィングレット・スポイラー・フラップの設計工夫による揚力分布の最適化などが図られていることはすでに述べたとおりです。

これから考えられるものにも、この延長線での改良が進むのは必至で、飛行状態に応じたスパン方向の揚力分布の最適化と形状の実現、高揚力装置の簡素化と性能向上などが試みられています。

しかしこれらの技術は、空力やデバイス単独ではなく、構造、材料、エンジン、制御など多分野技術の調和と統合によるさらなる進歩と改善の余地を示唆するもので、これからの航空機開発の方向性を示しているものといえます。

それではこれらの試みを取り入れて、これまでに開発された近未来の航空機と未来の航空機の技術と機体の特徴を見てみましょう。

アスペクト比とは

アスペクト比とは、図４－１に示したように翼の縦の長さ（翼弦長といいます）と横の長さ（翼幅といいます）の比をいいます。

翼の形は、先端に行くほど細くなるものがあるなどさまざまなので、翼の縦の長さは平均の翼弦長を使います。

アスペクト比の大きい翼はグライダーのような細長い翼、アスペクト比の小さい翼は超音速機のように幅広く短くて小さい翼ということになります。

アスペクト比は航空機の性能に大きな影響を与えます。

アスペクト比が大きいほど誘導抵抗が小さくなり、滑空性能や上昇性能がよくなります。

アスペクト比が小さな翼は誘導抵抗が大きくなるので、高速機ではこの欠点を補うため層流翼（流れる空気が翼の表面に粘りつかない翼）が採用されます。

一般にアスペクト比が小さな翼は、横方向の運動性能がよくなります。

後退翼（翼の前縁が付け根から後方に伸びた翼）は音速の前後において誘導抵抗が小さいので、超音速機に採用されます。

しかし、揚力を得るために迎え角を大きくとる必要があり、パイロットの視界が悪くなります。

アスペクト比が小さな翼は気流が横方向に流れるため、翼端で失速を起こしやすく、フラップなどの補助翼の効きが悪いという弱点があります。

また、離着陸時に横滑りからの復元力が大きくなるので方向安定性が悪くなり、弱点を補うためのさまざまな工夫が必要になります。

図4-1　アスペクト比

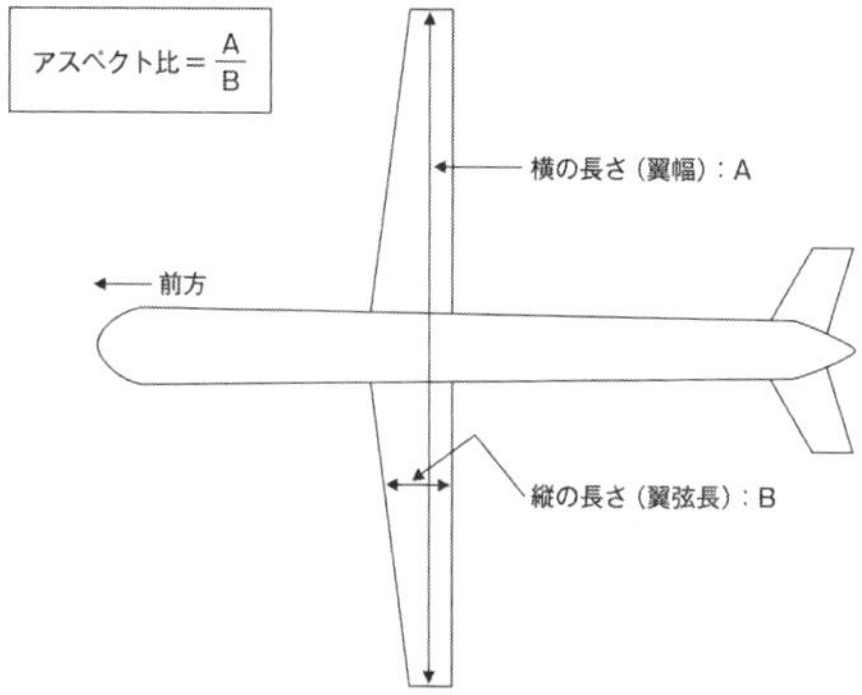

近未来の旅客機

現在開発中で注目を浴びている旅客機のひとつが、日本の三菱航空機が開発している地域の生活拠点間を結ぶ中・近距離用のＭＲＪです。

２０１５年11月に初飛行（図４－２）し、18年半ばの納入・就航に向けて、型式証明取得のために米国で本格的な性能試験・耐久試験・耐空証明などのテスト飛行が行われます。

特徴はひと言でいえば、空気抵抗を極力抑え、低燃費・低騒音・低排出ガスを実現し、快適な客室をもつ、スリムなハイテク機だといえます。

空気抵抗を減少させるため、主翼の翼端のウィングレットに向かって上向きのそり返り、流線形の機首、コクピットの下の鋭く尖ったノーズなど、空気力学を駆使して機体性能を極限まで追求していることがわかります。

ギアを用いて回転効率を上げた2基の高効率ギアードターボファンエンジンは、プラット・アンド・ホイットニー（Ｐ＆Ｗ）製の同クラスエンジンより直径が大きいのですが、主翼の付け根から先端に向けて上方へ角度を付け、地面と接触するのを避けています。

先進の空力設計技術と最新鋭エンジンの搭載により、離陸時に騒音が発生する範囲を、従来機よりも40％縮小することが期待できるといわれています。

図4-2　2015年11月11日午前9時35分に初飛行したMRJ　三菱航空機㈱提供

　またＭＲＪの燃費は、同型のジェット旅客機と比較して20％以上も向上していて、二酸化炭素の排出量も20％以上削減しています。

　機体システムは大型コンピューターに集約され、二重、三重にバックアップされていて安全・堅牢につくられています。

　航続距離は、近距離路線を対象にしていますが、88席を満席にして約３７７０㎞で、東京から上海やグアムへの飛行も可能です。

　２０１８年半ばのＡＮＡへの初号機納入に向けて製作が進行中です。

　同じような近距離ジェット旅客機は、カナダのボンバルディアが「Ｃシリーズ」と称して、最新の新素材や性能機器を使って、２０１６年の納入を開始するとともに、CS100と長胴型のCS300の開発を進めています。

機体は炭素繊維複合材とアルミニウム合金より軽いアルミリチウム合金を使うことによって、通常構造よりも900kg以上の軽量化を達成しています。


またブラジルのエンブラエルは、2018年の就航を目途に次世代機として「E2シリーズ」のE175、E190、E195の3タイプの近距離ジェット旅客機を開発しています。

これらの航空機はどこの地方空港に着陸しても支障のないように、ほとんどが軽量で安全な昇降用のタラップを機体に内装しています。

また、近距離を飛行するにも便利なように、エアバスなどの中・長距離旅客機が自動操縦装置にトリム（補助操縦装置）の働きが組み込まれているのに対して、ほとんどの機は手動でもできるように、操縦桿にトリムスイッチを付けています。

離陸時には、中・大型機の半分の1500m以内の滑走距離で離陸できる性能を保持しています。

小型ジェット旅客機の開発には、中国の中国商用飛機、ロシアのスホイも参入し、販売を始めています。

21世紀の中盤に向かう新たな時期には、世界的に地方空港間を飛行する経済性と省エネの両方を兼ね備えた効率のよい旅客機の就航によって、地球へのやさしい配慮は一段と進むでしょう。

また小型旅客機にも機体の異常やインシデントを知らせるシステムや、出発空港に引き返したり、最寄りの飛行場に緊急着陸する判断を素早く行い、警報と最適処置を自動的に知らせるシステムの充実が図られ、安全な運航手順がより厳しく守られていくでしょう。


一方、ここ数年内の完成を目指している中・長距離旅客機には、B737とA320をベースにした改良型の開発があります。

ボーイングとエアバスは「737MAX」と「A320neoファミリー」という安全、効率、信頼性、快適性を最大限に追求した、新型エンジンを搭載する中距離ジェット旅客機を開発しています。

B737MAXは、B787で成功したウィングレットの取り付けで1.5%、コーン（トウモロコシ）状の胴体で1%、新型エンジン（CFMインターナショナル製LEAP－1Bまたはプラット・アンド・ホイットニー製Pure Power PW1100G）で41%の燃費向上を図っています。

巡航速度はマッハ0・86（従来のB737はマッハ0・84）、巡航高度は4万1000フィート（従来のB737は3万7000フィート）とB787型機並みです。

A320neoファミリーは、A318neo、A319neo、A320neo、A321neoのグループをまとめた名称で、これまでに就航しているA320ファミリーよりも8%、Next Generationに区分される一般機よりも20%の燃費向上を目指しています。

A320のエルロンに電気機械式アクチュエーターを適用して、2011年に試験着手、2015年までに主翼舵面の電動化（フライ・バイ・ワイヤ）を実現、またコンテナ式貨物搭載システムなどを備えて迅速なターンアラウンドを可能にし、2016年に試験飛行を開始する開発事業は注目を集めています。

ここでMRJ、A320neo、ボンバルディアCシリーズ、エンブラエルE2シリーズが採用している高燃焼率と騒音削減のエンジンに着目してみましょう。

そのエンジンはプラット・アンド・ホイットニーが開発したギアードターボファン（GTF）エンジンと呼ばれる最新のエンジンで、ファンとタービンの回転数をギアで減速して最適にし、それまでのエンジンに比べて燃料消費量を16%削減し、エンジン騒音を75%減少させたものです。

ターボファンエンジンは、ジェット燃料の燃焼により発生した高温高圧ガスをタービンに吹き付けることでエンジンの軸を回転させ、同じ軸上に取り付けたファンを回転させて推力を生み出します。

しかし、ファンの効率を上げるとファンの回転が速くなり過ぎて、タービン効率が低下します。そこで遊星ギアをファン側の軸上に備えて、軸の回転を減速してファンに伝えることでこの問題を解決したものです。

また米国製で期待されているのが、B777ファミリーの次世代型機です。「777-8X」「777-9X」のプロジェクト名で2020年の就航を目指して開発が始まっています。

CFRPでつくられる主翼の翼幅は71・8mと、従来のB777-200LR/300ERよりも7mも長く、胴体もやや長い大型機です。エンジンはB787よりも強力で、連続運転に優れ、バイパス比が高く燃焼効率のよい新型を搭載しています。

一般の国際空港のゲートが使用できる大型機は最大翼幅65mまでなので、翼の先端部分を「折り畳み式」にするというアイデアが詰まった旅客機です。

客室幅は広くなり、窓も大型化され、機内ではB787と同等の与圧ができるようにして、快適性を確保しています。

ここでA380neoの話題にも触れておくと、エアバスの生み出したA380は世界最大の旅客機で、発展するヨーロッパ航空機産業の象徴でしたが、販売不振に陥り、これを挽回するためにより燃費効率のよい新エンジンを開発することで、ロールス・ロイスと合意する見通しだと伝えられています。

欧州ではルフトハンザが中心になって、2機のエアバスA340の実証機で摩擦抵抗の低減に向けた試験を重ねています。

翼の左舷は従来の翼を使い、右舷の翼端付近を複合材に改修して、主翼の表面にアクリル光沢剤を使って滑らかにし、汚れ・腐食を防ぐことにより空力抵抗を1~2%低減する試みを実施しています。

アクリル光沢剤には、微小の溝や孔を埋めるナノテクポリマーを用いて、電界により歪み、圧力が発生する「Electro active Polymer」を活用することにより、層流をつくるものです。

図4-3　ロシア・JSCのFrigate Ecojet　©Frigate Ecojet

また主翼と胴体の表面に腐食に耐え、汚れをはじく10㎝×10㎝の被覆パッチ（ラッカーの表面塗装にリブレット［薄い棒状の板］を押印）を何枚か貼り付けて耐久性の飛行試験も行っています。

翼面下にはクルーガ・フラップを装備して、離着陸時や低高度飛行時における前縁への異物付着を防止しています。

ロシアのツポレフの姉妹企業であるJSCは、広範囲の仰角で気流の剥離を抑えた離着陸に適したFrigate Ecojet（図4－3）を開発しています。

この機は主翼形状の空力的改善を図っていて、胴体は楕円断面の広胴型です。座席数はビジネスとエコノミー2クラスで276席、全エコノミー席で358席。市場投入は2020年の予定で、投資額35億ドルの

30％はロシア政府が負担します。

未来の旅客機

米国では、国家科学技術会議（NSTC）が掲げた飛行性能と環境適合化を目指し、2030〜2035年（N＋3、2章参照）に投入する機体への革新的技術となり得るものとして、ノースロップ、ボーイング、MIT（Massachusetts Institute of Technology）、ロッキード、GEの5社が亜音速固定翼機の開発を進めています。

2020年（N＋2）の環境適合機に適用される航空機としては、NASAが、ボーイング、ノースロップ、ロッキードの3社に資金を提供して開発を進めている次世代大型亜音速機があります。

環境適合性の目標は、1998年の技術と比較して、燃料消費50％低減、NO_x排出量75％低減、騒音42dB低減です。

性能は巡航マッハ数0・85、航続距離7000マイル、最大離陸重量5万〜10万ポンドです。

各社ではそれぞれ次の提案が出されています。

図4-4　ボーイングのBWB型旅客機　NASA/The Boeing Company

図4－4は、N＋2からN＋3の目標に適う機としてボーイングが提案している胴翼一体型（BWB：Blended Wing Body）の大型亜音速機です。

BWBとは、翼と胴体を一体的に設計することで空気抵抗低減と揚力の発生面積増加による揚抗比を改善し、搭載量の増加や燃費の向上を目指すものです。また機体表面積や突起物が少ないため、騒音の発生を最小限に抑えています。

図からわかるように、滑らかに接続された胴体と翼、大きい内部空間（多様な形状の積載物搭載が可能）という外見的特徴をもちます。

プラット・アンド・ホイットニーのギアードターボファン（GTF）エンジンと尾部形状で空港騒音を低減しています。

ここで使用されるGTFは、ファン側に遊星ギアを付けるのではなくて、タービン軸とファン軸の間に減速歯車を設けて、タービンを高速回転に保ちながらファン回転数を低速に減速することで、低速ファンによる高空力性能とファン低圧力比による騒音低減と高バイパス比を実現しているものです。

図4―5は、同じく次世代大型亜音速機として、ノースロップが提案している鳥の飛翔形（Fling Wing）の旅客機で、実証技術の目標を満たしています。空軍のB―2爆撃機などで培われた技術を民間機に応用しています。

また**図4―6**は同じく次世代大型亜音速機として、抵抗減・重量減・燃費の低減・騒音の低減の実証技術の目標を満たしているロッキードの箱形翼（Box Wing）の提案機です。垂直尾翼の両端に超高バイパス比のエンジンを搭載し、主翼と尾翼の結合翼で機体全体の誘導抵抗を低減しています。

こうした次世代大型亜音速機の開発に資するため、開発と併行して試作されているのが実証試験機です。

図4-5　ノースロップの鳥の飛翔形旅客機
NASA/Northrop Grumman

図4-6　ロッキードの箱形翼旅客機
NASA/Lockheed Martin

図4-7　NASAとボーイングが共同開発しているX-48B
NASA photo/Carla Thomas

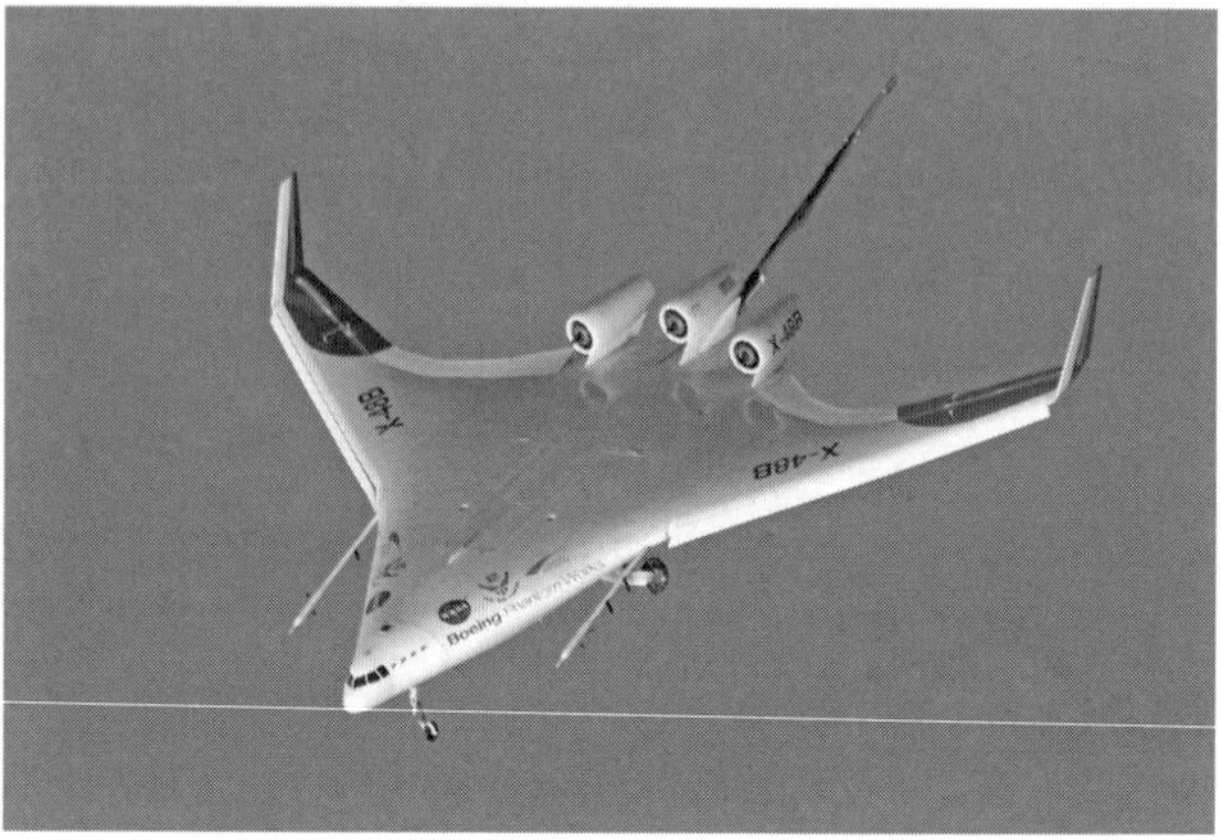

X－48B（図4－7）は、ボーイングと米空軍が参加している大型供試体で、N＋3にかけて、胴体と翼の製造などの改善を目指して試験中です。

3つのエンジンを主翼の尾部に取り付けていることの実証機の主な諸元は、スパン20・4フィート、最大重量523ポンド、推力162ポンド、最大速度118ノット、最大高度1万フィート、飛行時間35分と発表されています。

実証技術の目標は、抵抗減、複合材による重量減、先進エンジンによる燃費と騒音の低減、燃焼機改良による汚染排気の減少、機体形態の変更による燃費と騒音の減少の5分野です。

複合材織布を縫合して樹脂を注入し、オートクレーブ（接合剤）なしの処理で大型一体構造に組み立てられ、大型亜音速機として実現すれば、従来の複合材より鳥衝突に対して耐損傷性が高く、重量を25％軽くできます。

さらに現在、Ｘ－48Ｂを改良してより騒音を低減した試験機にＸ－48Ｃがあります。Ｘ－48Ｂのウィングレットを取り除き、尾部に２枚の垂直尾翼を取り付け、75ポンド推力エンジン２基搭載に変更して、改良が行われています。

２０１２年８月、エドワード空軍基地で飛行試験を実施し、エンジン２基を垂直尾翼の間に搭載する試験に成功しました。

図４－８はＭＩＴが開発する亜音速機で、空港騒音の低減化を満たすエンジン配置であるとともに、胴体上面を平らにして胴体上面の空気流を後部エンジンの吸い込みで加速して、胴体に揚力を発生させ主翼の分担揚力を少なくする仕組みになっています。

主翼や胴体の表面を流れる自然流を境界層流といいますが、図に示すようにエンジンを胴体上面の後部に設置し、胴体上面の境界層流を積極的に吸い込んだ場合、吸い込みによるエンジンの推力ロスよりも摩擦抵抗低減効果のほうが大きいと試算されたものです。

この境界層吸い込み（BLI：Boundary Layer Ingestion）は、機体単独の空力設計ではなく、エンジンと機体の空力的調和を考えた設計です。

また同時に胴体抵抗を低減させ、比燃費（翼・胴体などの単位面積あたりの燃費）の低下を図っています。

しかし機体振動発生の可能性が大きくなり、機体と推進システムのバランスに配慮する必要があります。

図4－9はＧＥ・アビエーションが開発している低騒音の亜音速機です。

大気中に開放された「Open Rotor」で空港騒音を低減しています。Open Rotorと水平尾翼の間隔を確保するため水平尾翼を垂直尾翼の上部に取り付ける「T型-tail」になっています。

またＧＥ・アビエーションは、ビジネスジェット用のエンジン、Passport20を超音速用に改修することも推進しています。

ボーイングはＮＡＳＡに、バイオ燃料が使用できる亜音速機（図4－10）を提案しています。CO_2はバイオ燃料使用による充電時で80％減、NO_xは85％減、燃料消費70％減という環境適合機です。離陸時はジェットエンジンで上昇し、巡航高度に達したあとはリチウムイオン電池またはリチウム・空気電池の電源に切り替え、モーター駆動によるプロペラ飛行となります。

図4-8　MITが開発している亜音速機
NASA/MIT/Aurora Flight Sciences

図4-9　GE・アビエーションが開発している低騒音の亜音速機
NASA/GE Aviation

図4-10　NASAとボーイングが開発している亜音速機
NASA/The Boeing Company

154人乗りの双発機で、主翼は支柱で支えられたトラス支柱翼（TBW:Truss Braced Wing）となっていて、誘導抵抗を大幅に低減するためにアスペクト比は19、スパンは200フィートに及び、折り畳むことができます。

最新旅客機の中で最大のアスペクト比をもつB787でも11ですから、誘導抵抗をB787の約半分にする効果がありま す。

この機はNASAが2030〜2035年（N+3）に市場

に導入を予定している将来候補機で、ＮＡＳＡとボーイングが共同で15％模型を使って、トラス支柱翼による干渉抵抗増とフラッター抑制のための風洞実験を行い、軽い構造で実現できることを確認しました。

エアバスは、当面は現行製品の改良に専念するとしていましたが、２０１４年にＢ７７７－９Ｘに対抗する超大型双発機計画を発表しました。

機は新長胴型（NLR：New Long Range）の旅客機で、複合層流制御（ＨＬＦＣ）を適用した４７０席、航続距離８１５０㎞の環境適合機です。

開発期間を２期に分け、２０１５年までのクリーンスカイ１ではＡ３４０－３００改修機による自然層流翼の飛行実証を、２０２０年までのクリーンスカイ２では前縁吹き出しによる高速飛行実証を計画しています。

ちなみにボーイングのＢ７８７－９では尾翼に受動型のＨＬＦＣを適用しています。

エアバスの画期的な次世代機としては、２０１１年のパリエアショーで２０５０年代の旅客機構想を発表しています。

図4-11　エアバスの2050年代の旅客機　©AIRBUS

図4－11のイメージ

図に示したように、鳥の骨を模擬した超軽量骨格の機体構造をもち、操縦室および客室には交差構造のバードストライク防止ガラスを使い、座席は乗客の体形・姿勢に応じて変形し、材料には研究中の一体成型加工の中空チタン合金を使う予定です。

　この構想の特徴は、超高アスペクト比の主

翼、胴体と一体化したエンジン、U字型の尾翼、中空チタン合金と全複合材による軽量化などです。

エンジンの配置位置は、エンジンと機体干渉抵抗の削減と機内騒音の低減から考えられています。

またU字型尾翼はエンジン騒音の低減を期待して採用されたもので、エコ機の実現のため、空力技術と構造、材料、制御、機内環境などのすべての要素を調和させて最適化を図っていることがうかがえます。


日本や米欧で、次世代機の候補に挙げて開発を進めているものに電気航空機があります。

電気航空機はエンジンではなく、電気モーターで飛ぶ航空機です。ガソリンエンジンで飛ぶプロペラ機は20％のエネルギー効率ですが、電気モーターは90％以上もあります。

また構造が簡単になるため、現在のエンジンのように定期的に大規模な解体整備をする必要はなくなります。

振動音が小さく、騒音を極小にでき、機体そのものの振動も小さいので乗り心地もよくなります。

電気航空機は構造がシンプルで、プロペラ自身の方向変換も容易にでき、巡航時の速度をターボプロップ機並みに上げることができるので、垂直離着陸機や空港までのスカイタクシーやスカイバスなどに用途が広がります。

このためには、現在使用している「リチウムイオン電池」よりも、さらに軽量かつ大出力の電池を開発して、エネルギー密度を上げなければなりません。

再び超音速旅客機に挑戦

超音速旅客機の夢は、コンコルドの不採算で頓挫しました。

しかし航空機の資機材の進歩とともに、その原因を解明して再び夢を実現しようという機運が高まりつつあります。EUでは再度、超音速機の研究開発に動き出しましたが、目標を策定中です。現在目標を立てて超音速機を開発しているのは、日本と米国で、JAXAとNASAの取り組みは世界の注目を集めています。

はじめにJAXAとNASAの超音速旅客機の開発目標（**表4－1**）を比較してみましょう。

この表で特徴的なのは、ソニックブームの低減です。

ソニックブームは人の耳をつんざくような爆発音で、家屋に振動を与え、牧場の家畜などが驚いて予期しない行動を起こすことなどが報告されています。

米国がN＋2で目標としている65～70PLdBという値は、人間が不快感を持たないレベル

表4-1　日米の超音速機開発目標

	JAXA（日本）			NASA（米国）	
開発機の名称（または開発時期の名称）	静粛超音速機		極超音速機	(N+2)	(N+3)
目標時期	2020年代	2025年	2025年以降	2020年	2030～2035年
巡航速度（マッハ）	M1.6	M1.6	M5.0	M1.6～1.8	M1.6～1.8
航続距離（NM）	N/A	N/A	6000	4000	6000
乗員数	12席	100～200席	100席以上	35～90人	100～300人
ソニックブーム（psfまたはPLdB）	0.5psf以下	0.5psf以下	N/A	65～70PLdB	65～70PLdB
NOx排出量（g/kg燃料）	N/A	N/A	N/A	10以下	5以下
燃料効率（燃料1ポンドでの乗客１人の飛行マイル数）	N/A	N/A	N/A	3.0	3.5～4.5

注1）psfはソニックブームの圧力の単位で、1平方フィート（ft^2）あたりに1ポンドの圧力がかかる単位。1psf＝47.88パスカル（Pa）
注2）PLdBはpsfのような物理的単位ではなく、人間の感覚で感じる騒音レベルで、PL（Perceived Level）デシベルという単位
注3）N/Aは、該当なし(not applicable)

で、Ｎ＋２以降（２０２０～２０３５年）の時期に、海上のみならず陸上でも飛行できることを目指しています。

ＪＡＸＡは開発時期を３期に分け、最初の２つの時期に静粛超音速機を、その後に極超音速機を開発することを目標にしています。

ＪＡＸＡの目標においても、その根幹は、英仏が運航を停止した超音速機コンコルドよりもソニックブームを低減することです。

この爆発音を軽減するため、ＪＡＸＡは地上に到達する衝撃波が分散され、ソニックブームを小さくできる機体の形状の実験を行っています。

コンコルドの悲運

人類初の実用的な超音速旅客機として英仏が共同で開発した「コンコルド」は、１９７６年１月に商業飛行に成功しました。

この間にソ連のＴｕ−１４４が世界初の超音速旅客機としてデビューしましたが、商業化には成功せず、また米国が開発していた超音速旅客機（ＵＳ／ＳＳＴ）も１９７１年３月に開発中止となりました。

コンコルドはロンドン・パリ～ニューヨーク、ロンドン～バーレーン、パリ～リオデジャネイロなどの間を就航し、当初の商業飛行は体験飛行を希望する人も多く順調でした。

ところがほぼ同時期にＢ７４７「ジャンボ」機に代表される大量輸送機（５００席）の時代を迎え、座席数（１１０席）の少ないコンコルドには不利な条件が重なりました。

音速を超えるときに発生する衝撃音（ソニックブーム）、座席数の制限、航続距離不足、石油価格の高騰、ファーストクラス以上の高い運賃、オゾン層の破壊などがコンコルドには不利でした。

追い打ちをかけるように２０００年７月、エールフランスのコンコルドがシャルル・ド・ゴール空港を離陸直後に墜落し、機上の１０９人と地上の４人が死亡する大事故が起きました。

その後改修を行い、運航を再開したものの状況は好転せず、２００３年５月に運航を終えました。

図4-12　小型静粛超音速旅客機　©宇宙航空研究開発機構（JAXA）

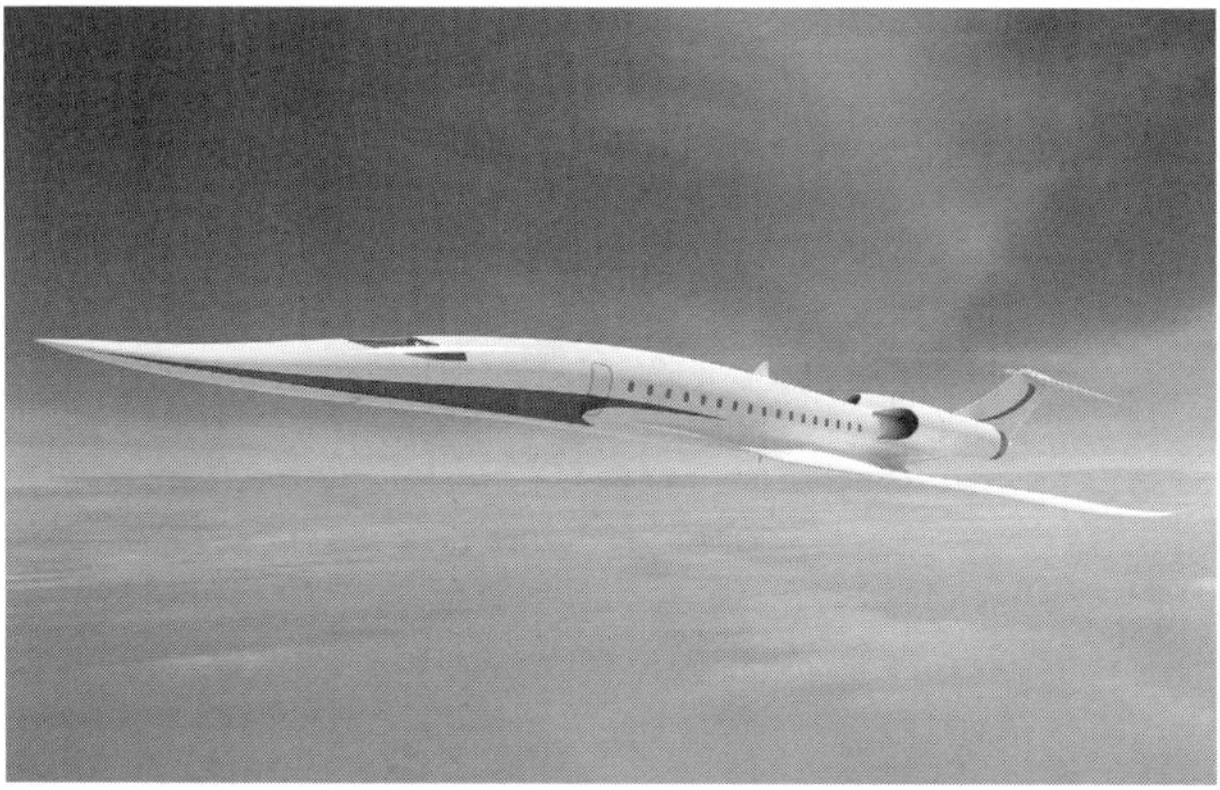

機体の先端を丸めると空気抵抗が大きくなるので、先端の尖った細長い胴体に、抵抗が少なく、衝撃波の発生を抑える改良翼が取り付けられ、風洞実験でその効果が確認されています。

これを静粛超音速機（図４－12）と呼び、２０２０年代に座席数12席、マッハ１・６の小型超音速機の就航を実現し、２０２５年頃には１００～２００席でマッハ１・６の次世代大型超音速機を実現させることを目標としています。

これが本格的に就航すると、日本からニューヨークやパリまで12時間ほどかかっていたのが、６時間に短縮され、タイなどのアジア圏では２～３時間で移動が可能になり、日帰り出張もできます。

しかし12人乗りの静粛超音速機の完成が２０２９年にずれ込む場合があることを考慮すると、１００～２００

図4-13　東北大学が進める超音速機「MISORA」
東北大学流体科学研究所提供

図4-14　マッハ5で飛ぶ極超音速旅客機　©宇宙航空研究開発機構（JAXA）

席の超音速機の本格的就航は21世紀の半ば頃になると考えられます。

　日本では同じような目的で、東北大学でも、上下２枚の翼によってソニックブームを打ち消す超音速機の実験が行われ、実現性が確認されています（図４－13）。

　またＪＡＸＡの夢は大きく、さらに速いマッハ５の極超音速旅容機（図４－14）を開発するため、エンジンの空気吸入口に入ってくる１０００℃の高温な空気をマイナス２５３℃の液体水素で３００℃にまで冷やすエンジンを開発しています。

２０１４年２月には試験用エンジンで、マッハ４で飛行したときの新型ターボジェットエンジンの作動や冷却効果を確認しています。

１０００℃の高温な空気は機体にもふりかかるため、摩擦熱に強い新複合材の開発も必要になります。

極超音速旅客機は、巡航高度が平均海面から２万５０００～３万ｍ（８万２０００～９万８４００フィート）の高さの、成層圏と対流圏の境界付近が中心の高度となり、この上下を飛行します。つまり、極超音速旅客機は、大気循環の偏西風や貿易風の影響外を飛行し、巡航時に乱気流に遭遇することはなく、上昇・降下時にも速度が速いので雲域滞在時間が極小されます。

しかし、２万５０００～３万ｍ付近の高度の気圧は地表の約40分の１しかなく、機体に強い負圧がかかるので、Ｂ７８７よりも頑強な機体が保証されなければなりません。

また高温のプラズマ状態に近い空気流に包まれて電離層に近いところを飛行するので、電子システムへの影響の対策も実証しなければなりません。

ＪＡＸＡは人工衛星を積んだロケットが大気圏を抜けて宇宙に飛行するときや、「はやぶさ」の帰還衛星が大気圏にマッハ25で突入したときの空力加熱などのデータを蓄積しています。

また２００５年にはスウェーデンのエスレンジ実験場で、実物の６分の１の実験機を、気球を使って高度30㎞まで上昇させ、自然落下によってマッハ１・３〜１・８で飛行させてソニックブームの評価を行いました。

２００８年には北海道にあるＪＡＸＡの大樹《たいき》航空宇宙実験場で、機体に極超音速エンジンを搭載して燃焼実験を行い、液体水素を燃料としたエンジンの試験に成功しました。

このような試験やデータによって、液体水素エンジンの加速性能やソニックブームの低減、新炭素複合材でつくられる極超音速機の空力加熱時の耐熱性への成果をあげ、計画を着実に進めており、今世紀後半にはマッハ５の極超音速機の就航が世界的に期待されています。

米国では、Ｎ＋２とＮ＋３の長期にわたって、ＮＡＳＡと、企業体、大学の産官学が共同で開発している超音速機があれば、企業体が独自で開発している超音速機もあります。

いずれもソニックブームの低減と超音速で巡航時の抵抗の低減を目指しています。

早くから開発に着手しているのが、ガルフストリームとＮＡＳＡが共同で開発しているＳＳＢ

図4-15　エリオンの超音速ビジネスジェット機　©Aerion Corporation

J（Supersonic Business Jet）です。

２０１０年４月にはロールス・ロイス製Tay651の新エンジンナセルを実機に装着して地上試験を実施し、エンジンの安定動作を確認しています。

エンジンの諸元は巡航マッハ数１・７、離陸時最大出力1万５０００ポンド、バイパス比３です。

続いて超音速インテークの風洞試験、ソニックブーム低減のための伸縮可能な機首（Nose-Extendable Spike）とエンジン・インレットの開発試験、飛行周辺映像システムの開発、主翼・胴体に使用する複合材構造の設計・試作を経て、特許申請用図面を公表しました。

同じく米国のエリオンもＮＡＳＡと共同で超音速のビジネスジェット機（ＳＳＢＪ　図４－15）を開発し

図4-16　ボーイングの低ソニックブーム・クルーザー

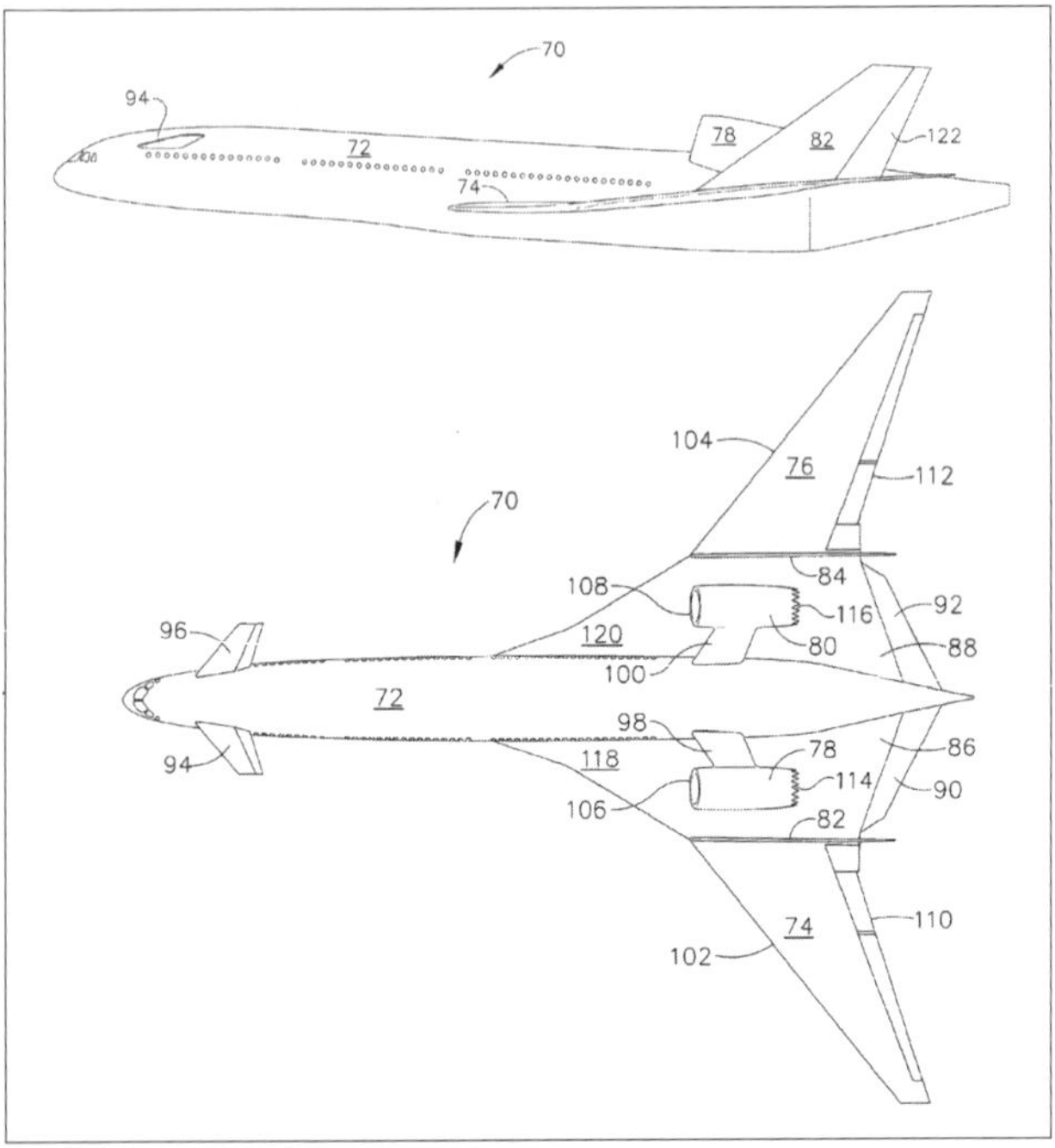

ています。飛行試験で主翼が超音速でも層流を保てることを確認し、製造する際の主翼前縁の形状の許容誤差を明らかにすることができたと発表しました。

　ボーイングは、２００２年から10年にわたってソニッククルーザー（Sonic Cruiser）の概念検討を続け、騒音低減、低ソニックブームを実現する形状について２０１２年4月に特許を取得しました。

　図４－16は申請した低ソニックブーム・クルーザーの形状図

図4-17　NASAの低ソニックブーム超音速機　NASA photo

です。主翼はカナード（前翼）付きのデルタ翼で、空港騒音を低減するため、エンジンを主翼上面の垂直尾翼間に設置し、可変の排気口といった特徴をもっています。

現在アメリカ連邦航空局（ＦＡＡ）は米国本土の陸上での超音速飛行を禁じていますが、これを変更するには現実の環境下でのソニックブームの住民への影響を調査する必要があると考えています。ちなみに米国の軍用機は、制限空域と呼ばれる山間部の上空などの特定の空域内で、超音速飛行を行うことが認められています。

ＮＡＳＡはこの提案を実証機のベースとして、太陽を背にして実機体の空気取り入れ口や尾部からの衝撃波を撮影するなどの実験を重ね、新しい技術と設計手法の組み合わせにより、低ソニックブーム超音速機（図4－17）の技術提案を準備しています。

ボーイングとロッキードがそれぞれ研究中のデルタ翼タイプの小型超音速機では、モデルの風洞実験をした結果、低ブームと低抵抗の両立を示すデータを得たと発表されています。図4－18は、ロッキードが公表している超音速旅客機です。

ＭＩＴはスタンフォード大学との共同研究で、主翼を複葉にして三角形の頂点を背中合わせにするタイプを開発し、超音速飛行時のソニックブームを低減させたと発表。空気抵抗は、空力形状の最適化によりコンコルドの抵抗係数を半減させたと伝えられています。

図4－19は米国のスパイクが、複数の企業家の支援のもとに開発している超音速ビジネス機Ｓ－５１２です。

目標性能は、巡航速度マッハ１・6、最高速度マッハ１・8、乗客18人を乗せて、ニューヨーク～ロンドン間を4時間未満で飛行することです。エアバス、ボンバルディア、ガルフストリーム出身の技術者が集まって開発していて、２０１８年末の完成を目指しています。

ＦＡＡが要求している「陸上超音速飛行の禁止」をクリアできる見通しができて、実現時期の最も早い超音速機といわれています。

欧州ではフランスのダッソー社を中心にして、イタリアのアレニア、ロシアのスホイが高速航空機の共同研究の一環として、極超音速ビジネスジェット機HISAC（Environmentally Friendly

図4-18　ロッキードが公表している超音速旅客機
NASA/Lockheed Martin

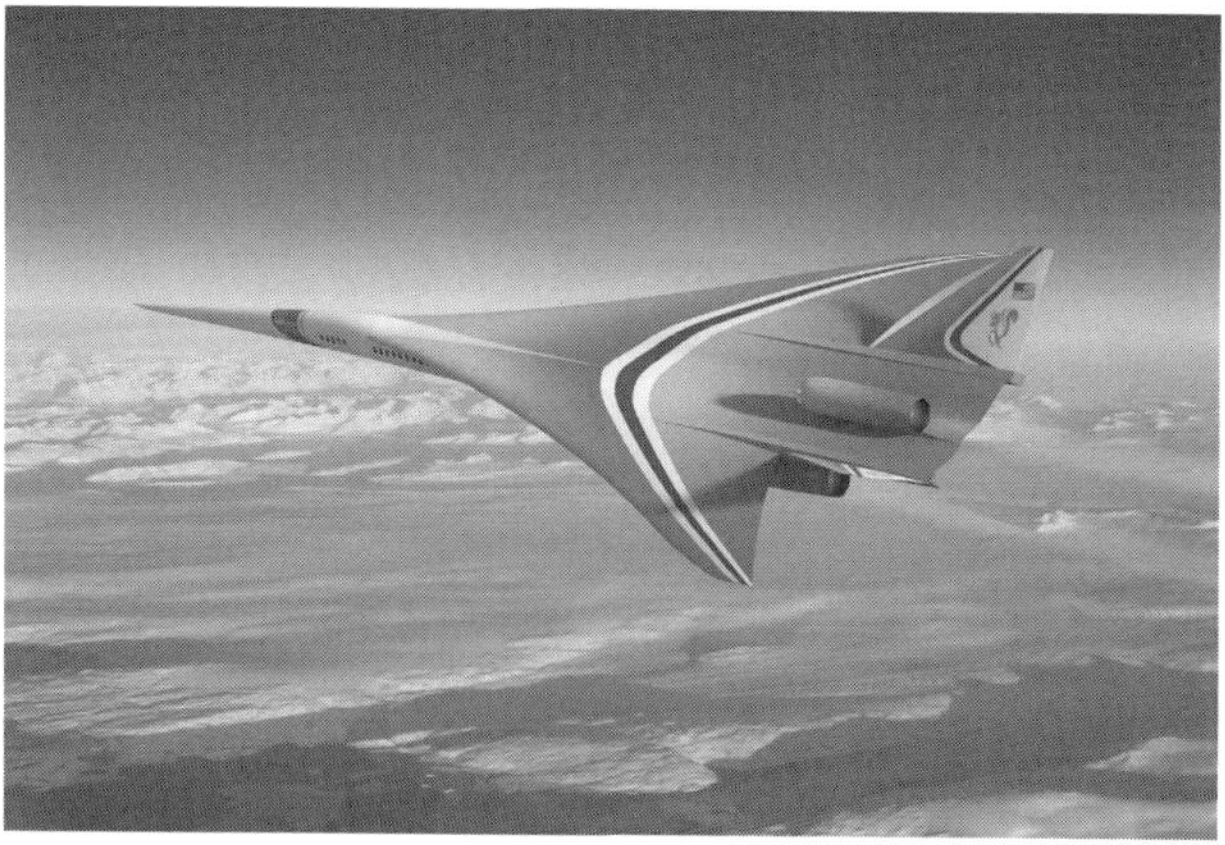

図4-19　スパイクの超音速ビジネス機S-512
©Spike Aerospace

図4-20　ハイパーマッハ・エアロスペースの極超音速ビジネスジェット機「SonicStar」HyperMach Aerospace Industries, Inc's

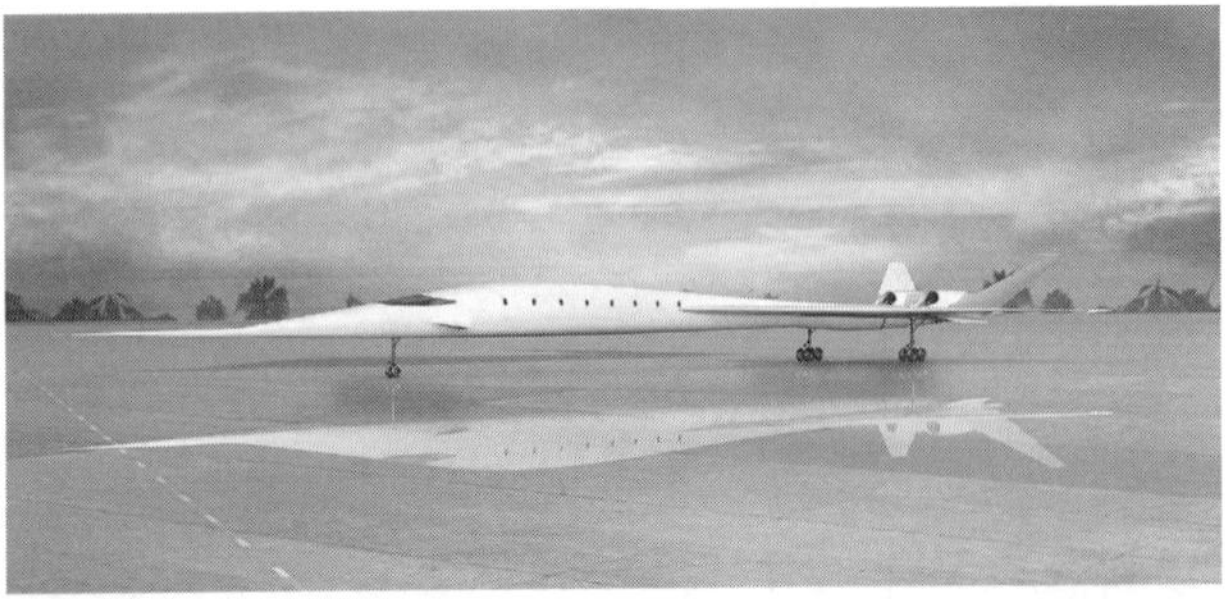

High Speed Aircraft）の研究にいち早く着手しましたが、初期の研究計画は完了したと伝えられています。

図4－20は、コンコルドを共同開発した英国のハイパーマッハ・エアロスペースが、２０１１年のパリエアショーで公表した極超音速ビジネスジェット機です。主要性能は、航続距離６５００㎞、最大マッハ数４・５、乗客数35人乗りです。エンジンのみに着目してみると、米国のソニックブルー社が推力６５００ポンドのハイブリッド・ターボファン・ラムジェットエンジン（H-Magjet 4400）を開発中です。

それでは次に、「開発される旅客機をいかに安全にかつ効率的に運航させるか」という使命をもつ航空交通管理（ＡＴＭ）の重要な改善点を見ていきましょう。

第5章

航空交通管理（ATM）進化のための改善策

航空機側の飛行安全技術

航空機の運航を安全かつ効率的に管理する航空交通管理（ＡＴＭ）には、航空機側の飛行安全技術と、これを支援する気象・情報・航空管制などの安全技術があります。

空を安全に飛行するための機体の安全技術は、エンジン、電気、姿勢制御、与圧、計器、通信、機体構造などのすべての系統の異常事態を感知してそれをパイロットに知らせることができるようになり、自動的に予防措置を講ずるシステムは、次世代機ではますます強化されるでしょう。

ここでは飛行する空域の気象、交通状況、着陸する空港の状況などを察知して、地上と連携して危険事態を回避するＡＴＭシステムについて、主な改善策を取り上げることにします。

これらの改善策は、２０００年以降に就航した最新機の飛行で発生した事故や不具合などを分析して、その対策を研究し、開発につなげているもので、いずれも斬新なアイデアや技術が詰まったものです。

航空機側の安全飛行については、各分野において次の技術があります。

機体の装備関係

・ドイツの政府機関であるドイツ航空宇宙センター（DLR）は、赤外線レーザーで飛行前方の晴天乱気流の兆候を示す変化を探知するシステムを完成。現在の探知距離9マイルから20マイルまで延ばすために、赤外線レーザーの特徴を生かしたシステムを改良中です。
・エアバスのグループでは、紫外線パルスの放射で気流の変化を探知するシステムを開発中です。
・FAAは耐空性審査で、パイロットのヒューマンエラーを減少させる効果があるとして、眼鏡に危険情報などを表示する「Synthetic Vision System」を認可しました。
・エアバスは着陸時のオーバーランによる事故を防ぐため、着陸復行の決断、ブレーキ・逆推進力の使用の要否をパイロットに知らせるシステムを開発。ボーイングやエンブラエルなどのメーカーも開発中です。

機体の構造関係

・米欧はともに、機体の健康状態を監視するヘルスモニタリングまたはスーパーヘルスモニタリングを研究中です。米国では炭素繊維（CNT：Carbon Nano Tube）を混入した感歪塗料を開発し、構造体全体の健全性を確認する手段として有効であることを確認しました。欧州では、光ファイバー、超音波、音響を用いた「操縦者の統合ヘルスモニタリングシステム」を開発し、飛行実証中です。

制御関係

・ＮＡＳＡは、故障・異常状態に陥った機体を完璧に帰還させるための飛行制御をする静態復帰制御装置「Integrated Resilient Aircraft Control」システムの実証試験を海軍戦闘機Ｆ／Ａ－18で実施しています。制御のためのコンピューターソフトのアルゴリズムには、非線形変換型のNDI（Nonlinear Dynamic Inversion）とモデル照合型のMRAC（Model Reference Adaptive Control）と、これらの統合型がありますが、いずれも地上シミュレーション試験や飛行試験を終えています。これは無人飛行の制御に近い考え方で、欧州では、操縦舵面の異常事態などを察知・予防するシステムの開発に力を入れていることと対照的です。

日本においては、ＪＡＸＡが現在本格的に取り組んでいる中での安全技術のひとつが、超音速機の低速性能の開発です。

ソニックブームを抑制する後退翼でいかにして低速性能を確保するかに取り組んでいます。課題は、着陸時の接地速度を１６５ノット以下に抑えられるかどうかです。ここでも胴体と翼の調和と統合の技術が求められます。

次に飛行を支援する技術を見てみましょう。

現在のＡＴＭの状況

これまでは開発の対象となっている航空機の安全技術を見てきましたが、航空機の運航と一体となって進歩してきたのがＡＴＭです。

前にも説明したように、航空交通管理（ＡＴＭ）には、航空機の運航を安全にコントロールする航空管制、航空機が安全に飛ぶために必要な航空会社の支援、空港の駐機支援、ノータム（NOTAM : Notice To Airmen）・気象などの情報の提供を含みます。

１９９０年代に入って航空機は、衛星を利用する航法に重点を置くようになりました。航空に関する世界の標準を決める国際機関のＩＣＡＯは、１９９１年に新しいＡＴＭシステムとしてＣＮＳ／ＡＴＭという衛星を利用するシステムを導入することを決めました。

ＣＮＳとは、Ｃは通信（Communication）、Ｎは航法（Navigation）、Ｓは監視（Surveillance）の頭文字をとったもので、人工衛星やデータリンクの新しい技術を用いてＡＴＭを改善し、安全と効率化をさらに進めようという計画です。

２０００年に入ってこの計画は急ピッチで進められ、今日では衛星の利用なくしては大量の航空機の移動は困難です。

ＣＮＳ／ＡＴＭの実現によって航空機は、２点間を地球の大圏に沿ってより正確に最短経路で飛行できるようになりました。

この結果、航空機は燃料の節減だけでなく、管制機関から指示された航空機間の間隔を正確に維持できるようになり、安全性が増大しました。

衛星利用の基本となるのが、①ＧＰＳが発信する信号、②この信号の受信精度を高める航法衛星（補強信号の生成衛星）または地上の補強装置、③補強信号がつくる道に沿って正確に飛行する機上航法装置、となります。

この3つのシステムは、それまで地上無線標識のボルデメ（ＶＯＲ／ＤＭＥ：地上施設から発信する電波で飛行する方位と距離を知るシステム）に頼っていた航空機の航法を一変させました。

さらにこの航法を地球の表面に沿って正確に飛行できるようにしたのが、ＧＰＳによって地球の形を正しく確定したことでした。

これらの要因によって航空機は、飛行中の自機の空間位置と目的地の位置を正確に知り、地球表面から一定の距離を精密に保って飛行できるようになったのです。

もちろん、地上の航空管制機関から指示された位置へも正確に飛行できるようになりました。

また飛行場に近づいてから滑走路に着陸するまでの最終降下進入経路を、地上のＩＬＳ（計器着陸装置）に頼らないで、衛星だけを利用して飛行できるようにもなりました。


地域によって差がある衛星利用の精度や安全度

ＧＰＳ（米国）などの測位衛星や、イギリスの会社が運営するインマルサット、運輸多目的衛星（日本）などの航法衛星の信号を飛行や航空管制に利用しようとするとき、地域によって精度や安全度に差があります。

利用しようとする衛星の信号には安全度として、要求された機能を満たす信頼性（Reliability）、飛行位置を高い精度で示す精密性（Accuracy）、その情報が確実なものである完全性（Integrity）などが要求されます。

衛星信号の基となるＧＰＳは、米国を中心に地球を周回しているので、ＧＰＳを構成する24個の衛星「NAVSTAR」の位置や配置が日本からよく見えない位置に変化したり、信号が電離層を斜めに通過する間に遅延したり、異常と間違える信号を発したり、信号が届かないところができたりするなど、日本の上空では安全度がいまいちなのです。

そこで国土交通省は、日本国土の周辺上空での衛星信号の利用にレーダー監視を義務付けています。

また日本上空の衛星を利用した航空路（RNAV航空路と呼んでいます）は、中心線から左右に5マイルの幅（米国では4マイルの幅）をもった航空路しか認めていません。また標準計器出発経路（SID）、標準計器進入経路（STAR）や洋上転移経路などの飛行経路も左右に1マイルの幅（米国では左右に0・5マイルの幅）の経路しか認めていません。

ILSに代わる衛星進入経路も、左右0・3マイルの幅（米国では左右0・1マイルの幅）までしか認めていません。

JAXAの準天頂衛星「みちびき」による衛星測位システムの開始が待たれるのも、このような理由からなのです。

なかでも機上航法装置の進歩は目ざましいものがあります。

1990年代までに開発が終了し本格的に就航していたB747-400の機械式ジャイロに代わって、B777やA340型機が機械的誤差の小さいレーザージャイロを搭載したことでした。

その後、レーザージャイロは航空機がどんな運動をしてもコンピューターがその運動経路を覚えていて、きちっと機体の最終方位と飛行距離を示してくれる航法装置に改善されました。

１９９０年代までは航空機の空間位置の精度が、せいぜい秒までの緯度経度だったものが、その１００分の１秒まで確定することができるようになりました。

こうして航空機の飛行経路は陸地上空だけでなく、洋上でもより精密に、横間隔を詰めて設定できるようになり、一定空域内を飛行する航空機の効率性と安全性が、それまでの約３倍になりました。

しかし未来の超音速機や極超音速機の航行を支援するには、このままでは航空機の速度に航空管制が余裕をもってついていけず、不十分です。

また高価な機上装置と高価で規模の大きい地上装置を必要とする計器着陸装置（ＩＬＳ）を使わなくても、衛星を利用して精密な着陸ができる装置の開発も必要です。

どうしたらよいかを、現在のＡＴＭを基盤に順を追って次世代の根本的な問題と対策を考えてみます。

ＡＴＭのこれからの改善点

ＡＴＭの目的は、航空機が地上でエンジンをスタートしてから目的地まで飛行してエンジンを停止させるまでの全行程で、交通整理をして安全に支援することです。

図5-1　航空機の安全運航に関係する要素

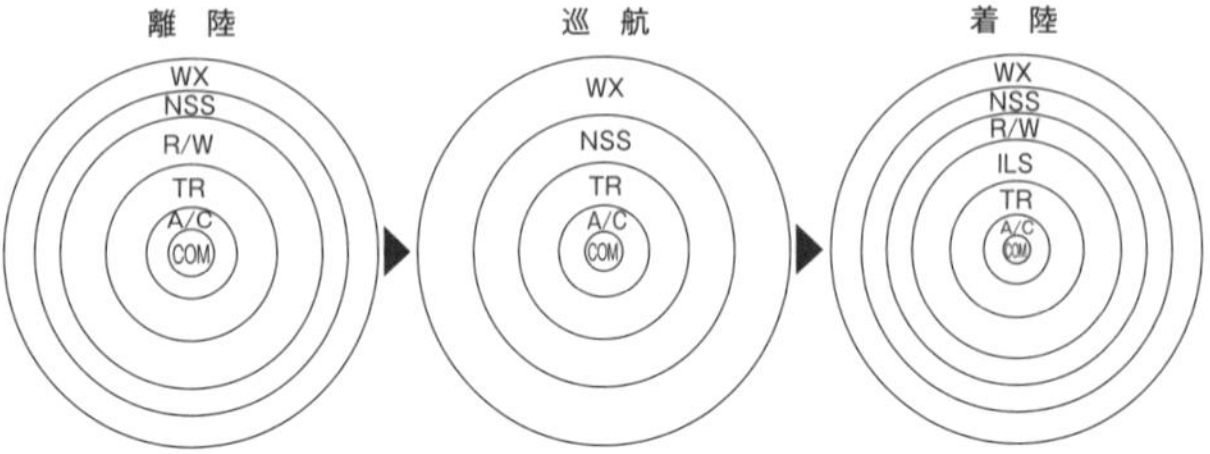

W X：天候
NSS：衛星航法
R/W：滑走路＋飛行場灯火
T R：トラフィック
A/C：航空機
ILS：計器着陸装置または精密衛星着陸
COM：管制官とパイロットの交信

航空機運航の安全に影響する環境要素の特徴は、空へ上がるときの離陸、上空で水平飛行に移って飛行するときの巡航、空港に降りるときの着陸の3つのフェーズ（段階）で異なり、レールの上を走る列車や海上を航行する船舶のように、出発から到着まで同じ要素ではありません。

図5－1はその様子を示したもので、パイロットと管制官の交信に表れる飛行に影響する要素が最も少ないのが巡航です。その次に多いのが離陸で、最も影響する要素が多いのが着陸です。

飛行に影響する要素が多くなるほど、事故発生率が高くなります。

離陸後の3分と着陸前の8分とを合わせて魔の11分といわれるのは、離陸と着陸時に飛行に影響する要素が多くなるからです。

これからの航空システムは、この3つの段階で起こりうる事故の原因を詳細に究明・予測し、これを解消していかなければなりません。

図5－1の左の図は、管制官がそのときの環境（周囲の状況）に応じて意思決定をし、これに基づいて行われる離陸時の管制官とパイロットの交信（COM：Communication）に至るまでの過程を示すものです。

この過程に影響する要素には、天候（WX：Weather）、標準計器出発経路（SID：Standard Instrument Departure）などの管制方式を含む衛星からの信号を利用して離陸する衛星航法システム（NSS：Navigation Satellite System）、飛行場灯火やバード除去対策などを含む滑走路の状況（R／W）、滑走路上や離陸先の他の航空機の飛行状況（航空交通）（TR：Traffic）、パイロットが操縦している機体の作動状況（A／C：Aircraft）があります。中心部へ向かうほど、これに起因する事故の被害は大きくなります。

ここでは現在までにさまざまな技術を駆使してなされてきた対策の中でも、なお実際の飛行で生起しやすい気象、航法、パイロット、管制官に起因する事故の対策として重視しなければならない改善策について重点的に見ていくことにします。

離陸時の安全要素の改善点

１９９０年以降の世界で起こっているる離陸時のインシデント（そのまま放置すると航空事故に至る事態）や航空事故を見ると、離陸時の大半は、滑走路への誤進入とバードストライクによるエンジン停止によるものです。

２０１０年以降は、これらの事故は大幅に減少していますが、依然として可能性の高い事故です。滑走路誤進入の原因の多くは、管制官とパイロットの意思疎通の不手際で、最近になってもこの意思疎通の不完全によるインシデントが後を絶ちません。

航空機（パイロット）の行動を最終的に決める要素は、管制官がパイロットに意思を伝え、パイロットがこれを正しく理解して応答する交信にあります。

インシデントの内容を調べてみると、管制官がすでに滑走路上に航空機がいることを忘れて、次の航空機に滑走路への進入を許可する場合と、パイロットが管制許可や指示の内容を取り違え、管制官もそれに気がつかない場合とがあります。どちらも減少していますが、半々の割合で起きています。

前者は皆管制官のヒューマンエラーによるものが大部分ですが、後者を皆無にするには容易ではありません。無線電話では、聞き間違い、思い違いが起こる頻度をゼロにすることはできないからです。

現在はこれを少しでも減らすために、滑走路への進入禁止や許可を示すライトや警報を発する補助システムを開発、導入しています。

ヒューマンエラーによる滑走路への誤進入は、次世代で解消しなければならない課題のひとつです。

巡航中の安全要素の改善点

離陸した航空機は、滑走路の状態から解放されて上昇し、巡航高度に達したのち、水平飛行に移ります。

旅客機は以後、機体にかかる加速度の合計をゼロにして、最も安定した飛行の等速直線運動（巡航）を行います。

この飛行は、影響要素の最も少ない環境下で飛行でき、WX、SAT、TR、A／Cの４つの要素が安全運航に影響します。

日本からアメリカ本土に向かう旅客機は、平行に引かれた何本もの航空路をほぼ等間隔で満たして飛行していきますが、この間の飛行順位と間隔は管制官によって設定されます。

以前は洋上の航空機同士の横間隔が１８５㎞（１００マイル）、縦間隔が１８０㎞（15分）という膨大な距離が必要でしたが、衛星の利用によって縦・横30マイルという間隔に縮まり、上空が混んでいても地上で待たされる時間が少なくなりました。

しかし航空管制の衛星の利用は、航空機の移動に追いついていけず、まだ極めて不十分です。たとえば航空路を飛行する途中で前の航空機を追い越すときは時間がかかり過ぎ、衝突を短時間で避ける工夫が必要です。

また超音速機や極超音速機を効率的に管制するには、衛星を利用して航空機が行う位置通報間隔が、２０１６年現在の14分間隔から１分間隔に短縮されることが必要です。

着陸時の安全要素の改善点

到着空港に近づくと、航空機は降下を始め、高度を徐々に下げていきます。管制官の誘導で最終進入ゲートに達すると、そこから計器着陸装置（ＩＬＳ）進入もしくは衛星を利用したＲＮＡＶ（ＧＮＳＳ）進入が始まります。

ＩＬＳやＧＮＳＳ進入は飛行場灯火システムとセットになっているので、着陸時にはこの飛行場灯火も飛行に影響する要素として加わってきます。

ＩＬＳは海上に設置できない弱点を持つので、衛星を利用して着陸進入を行うには、その精度を上げなければなりません。これについてはのちほど詳しく説明します。

離着陸時における航空機と管制

航空路管制機関は、進入機を航空路から飛行場に向かって降下させるときには、必ず航空路につながっている標準計器進入経路（STAR：Standard Terminal Arrival Route）を指示します。

ＳＴＡＲは、航行無線標識を経由してＩＬＳ（計器着陸装置）進入経路につながっています。ターミナルレーダー管制機関が、ＳＴＡＲを飛行する航空機をレーダーで捕捉し、以後監視・誘導します。

また出発機は、航空路管制機関から管制塔経由で事前に航空路につながっている標準計器出発経路（SID：Standard Instrument Departure）を指示されます。離陸後すぐ、ターミナルレーダー管制機関にレーダーで捕捉され、航空路まで監視・誘導されます。

着陸時の操縦の難しさによる事故に加え、依然として後を絶たないのが、天候の突然の変化による事故です。

上昇・巡航・降下中に航空機がよく遭遇する乱気流やダウンバーストなどのゲリラ的な気象変動です。

今後、温室効果ガスによる地球温暖化が進んでいくことによってゲリラ的な傾向は続くものと考えられます。これについても次章で検討します。

これから、この離陸、巡航、着陸の3つの段階の改善点について、日本を中心とする取り組みを見ていきます。

まずは次世代のATMはどのようなものになるか、その全体像から説明しましょう。

日本の次世代ATMの全体像

図5－2は日本の次世代ATMを推定したものです。

航空機と航空管制が航行する航空機の位置を知るために利用する衛星を見てみると、2100年には、**図5－3**に示したように、全世界は米国の測位衛星「GPS（衛星24機）」と、EUの測位衛星「ガリレオ（衛星24機）」、日本の準天頂測位衛星「みちびき（衛星7機）」でカバーされていると推定されます。

一方、2100年までに整備される地上施設を見てみると、2030年には「みちびき（衛星7機）」を利用して、雲の中でも地表から200フィートまで降下できる計器着陸装置（ILS）のカテゴリーIに匹敵する、衛星着陸装置が整備されると推定されます。

図5-2　日本の次世代ATM（推定）

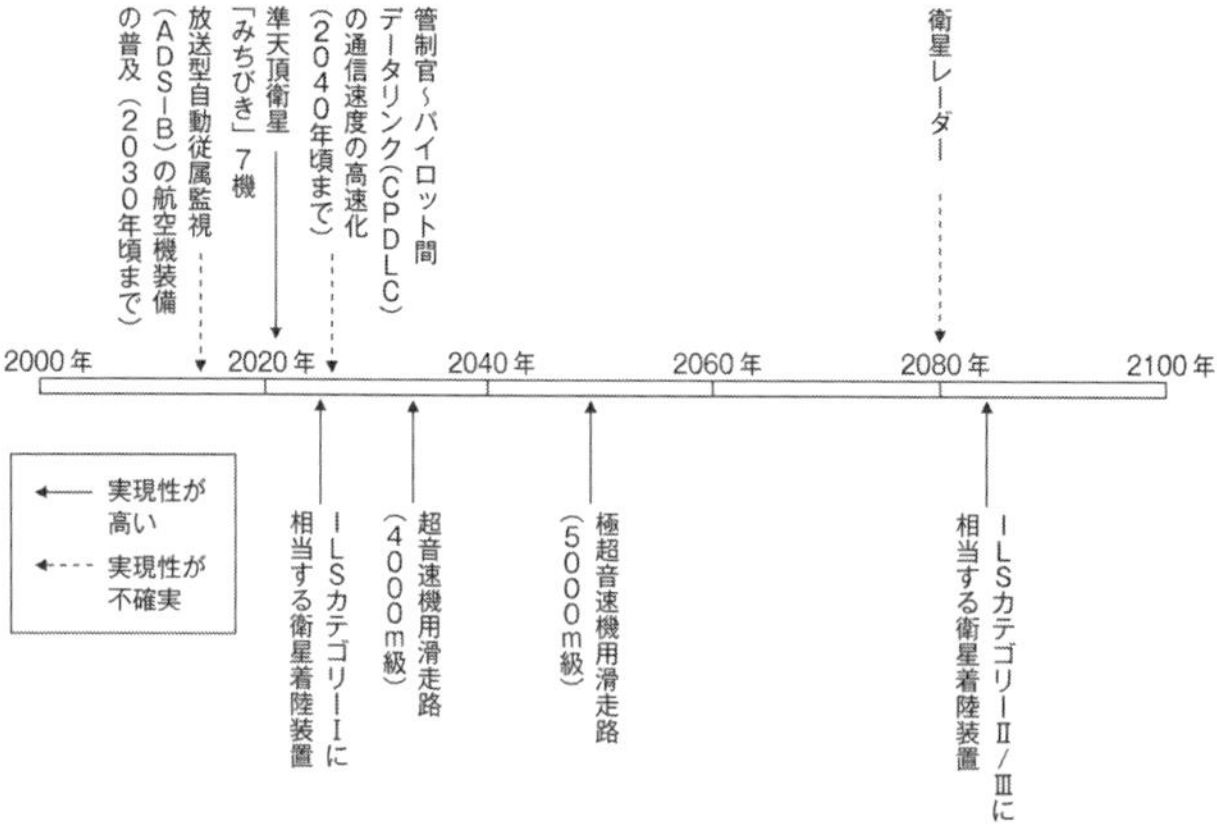

図5-3　全世界をカバーする測位衛星（2100年推定）

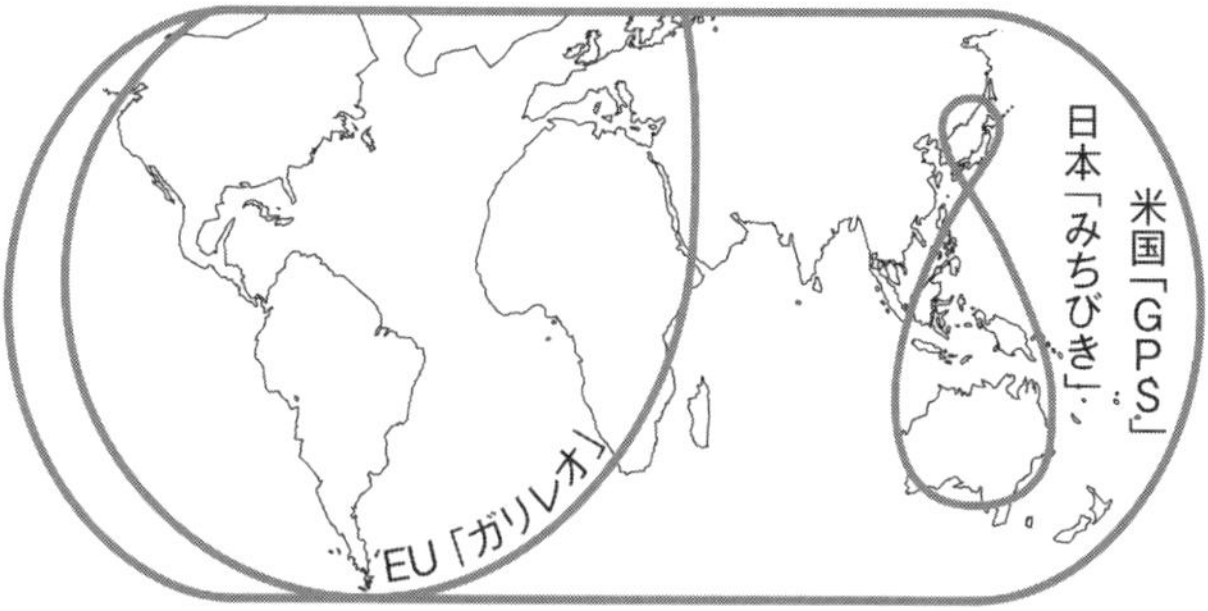

図5-4　ILSの仕組み

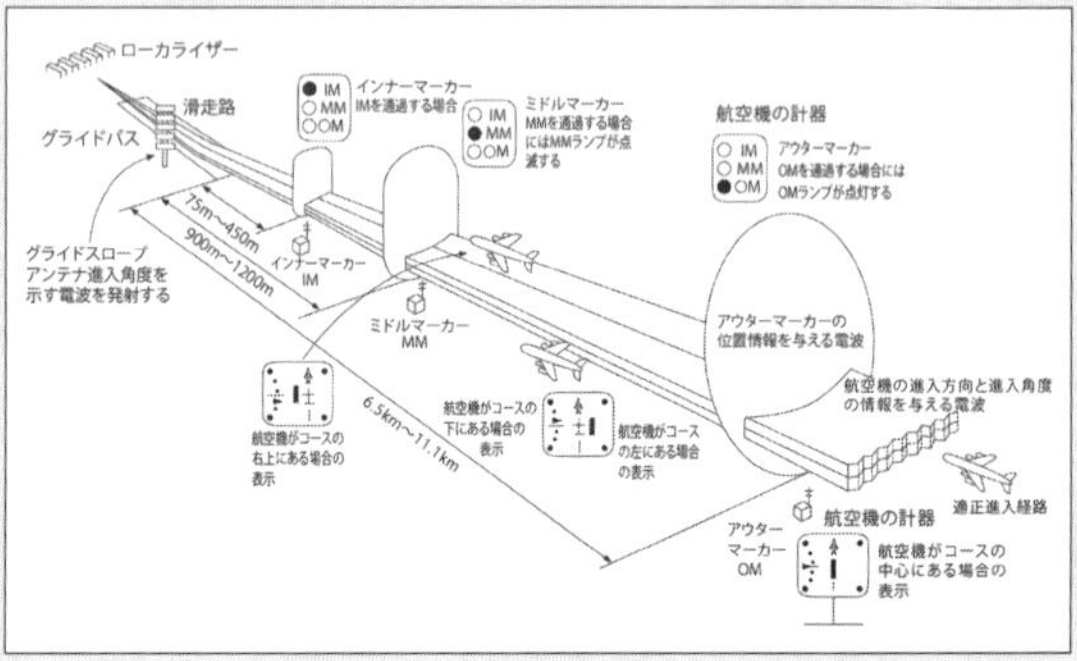

ＩＬＳとは

図５－４は、ＩＬＳの仕組みを説明した図です。

ＩＬＳは、滑走路の中心線から左右のずれを示す電波を発信している「ローカライザー」、滑走路への降下角から上下のずれを示す「グライドパス」、滑走路からの距離を知らせる電波を上方に発信する無線標識の「マーカー」、この３つの装置から成り立っています。

パイロットは、３つの装置の信号を読みとる機上の計器による「右に行け」「左に行け」「上がれ」「下がれ」「滑走路から５マイルの地点を通過」などの指示どおりに操縦します。

ほとんどの航空機は、コンピューターと機械がＩＬＳの指示を自動的に読みとり、自動操縦を行っています。

ＩＬＳを利用して、滑走路延長線上の７～10マイルの地点から滑走路に接地するまでの降下しながら進入する方式をＩＬＳ進入方式といいます。

ＩＬＳ進入方式には、性能のよいＩＬＳと飛行場灯火を組み合わせて、進入の精密度が高くなる順にカテゴリーⅠ、Ⅱ、Ⅲの３つがあります。カテゴリーⅢCは、一寸先も見えない視程０、雲高０のときにも着陸できます。

２０８０年頃には、独立監視の衛星レーダーが完成していて、航空機が太平洋や大西洋、インド洋などの洋上のどこを飛行していても、衛星レーダーで飛行位置が監視できる体制が整っているものと推定されます。

さらにその頃には、衛星レーダーの信号とGPSまたは準天頂衛星の信号を利用して、航空機が地表から50フィートまで降下できるILSカテゴリーⅡ／Ⅲに匹敵する衛星着陸装置ができているでしょう。

また２０５０年頃には、マッハ１・６の超音速旅客機が本格的に就航しているので、離発着する空港の滑走路は現在の３０００m級から４０００m級に延長されています。

一方で極超音速機が本格的に就航を開始する２０５０年頃までには、離着陸用に５０００m級の滑走路が整備されています。

図5-5　高所に設置されたVOR/DMEのアンテナと局舎

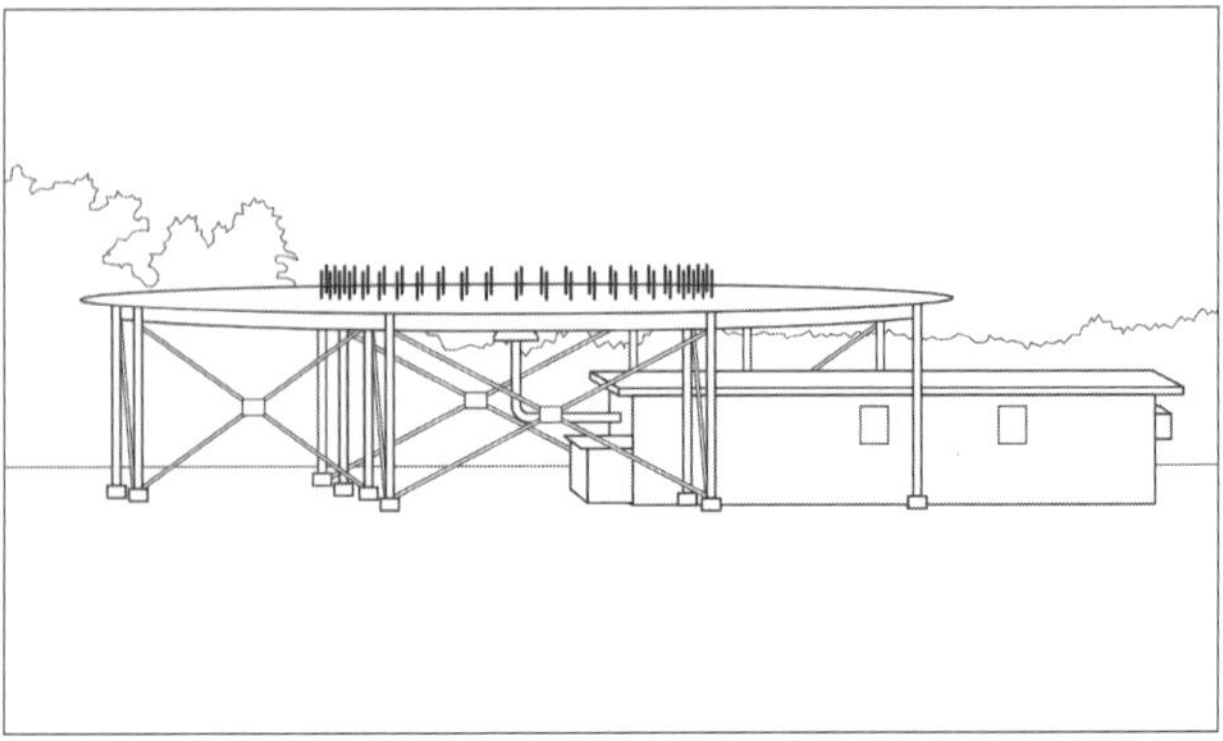

GPSと航法衛星による位置測定

航空機が目的地に向かって飛行するときに必要となるのが航法です。

次世代の航空機が2点間を移動するときに基本とする航法には、地上にほぼ等間隔に規則正しく設置された航行援助無線施設の発信電波による経路を飛行するか、人工衛星のGPSが発信する電波を利用して2点間の緯度経度を結ぶ経路（RNAV経路）を飛行するか、その両者を併用するかの3つがあります。

航空路を形成する航行援助無線施設は、1965年以降半世紀をかけて整備されたものです。

この無線施設は無線標識とも呼ばれ、VHFの周波数を利用して方向を知らせるVORや方向と距離を知らせるVOR／DME（図5－5）、UHFを利用して方向と距離を知らせるTACAN、VORとTACANの両方の施設を並べて置くVORTACがあり、それぞれの無線標識で航空路が形成されています。また滑走路へ着陸するための進入経路を電波で示し、航空機を誘導するILS（計器着陸装置）があります。

図5-6　24機のNAVSTARで構成される米国のGPS

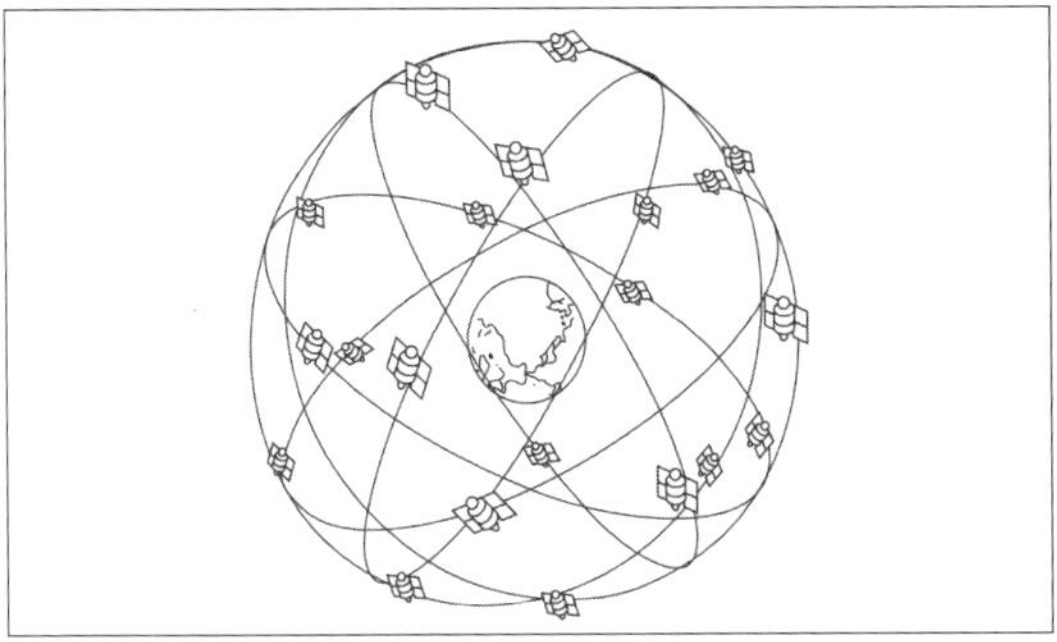

図5-7　4機のNAVSTARによる航空機位置の測定

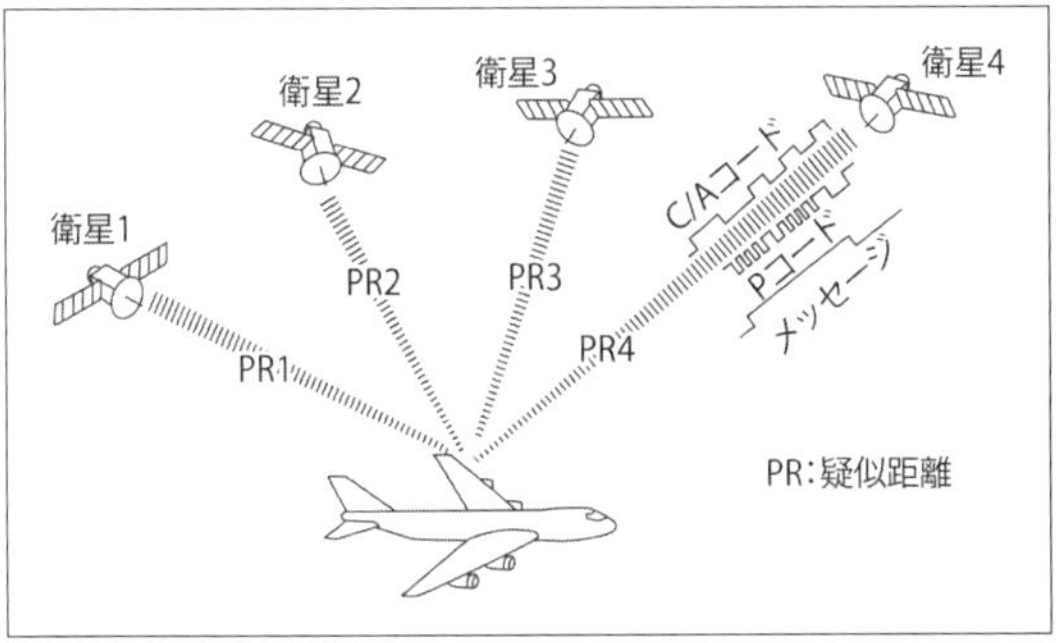

人工衛星を利用する航法は、米国のGPSを構成する24機の衛星「NAVSTAR」（**図５－６**）のうちの４機のNAVSTARが発信する電波を航空機が受信して自機の位置を測定しながら、緯度経度で示された2点間の航空路を飛行するものです（**図５－７**）。

通常4機のNAVSTARから直接測定した空間の位置は、±10マイルと誤差が大きいので、長年にわたって天体観測やGPSで得た既知の目標物の緯度経度によって、±1マイルにまで修正した空間の位置を利用します。

この修正の役目をする人工衛星を航法衛星と呼び、日本では2機の静止衛星「MTSAT（運輸多目的衛星）」を太平洋上空に打ち上げ利用しています。

測位衛星と航法衛星の違い

測位衛星には米国のGPSやEUのガリレオなどがあり、航法衛星にはイギリスのインマルサット（INMARSAT）、日本の運輸多目的衛星（MTSAT）やEUのイグノス（EGNOS）などがあります。

測位衛星は、飛行する航空機が4機の衛星「NAVSTAR」の送信信号をキャッチして、24時間自機の空間位置を測ることができるように、原子時計で刻んだ発信時刻付きの信号を一定の出力で規則正しく発信する役目をもつ衛星です。

航法衛星は、測位衛星を利用して測った航空機の位置の精度をさらに上げるために、既知の地上施設などの緯度経度を利用して修正値を提供する役目（この働きをもつ衛星をDifferenceの頭文字をとって、DGPSと呼んでいます）をもつ衛星です。

航法衛星はこの他に、航空機と地上の管制機関との間の通信を中継する役目ももっています。

しかし、日本の周辺で受信できるGPSの発信電波は、常に4機のNAVSTARから完全な強さで受信できるとは限らないので、日本の上空ではRNAV経路を飛行する航空機をレーダーで監視することが義務付けられています。

日本・東南アジア・オーストラリア上空における未来の航法

改めてRNAVを説明すると、これはエリアナビゲーション（Area Navigation）の略で、人工衛星を利用して自機の現在位置を緯度経度で確認しながら目的地まで飛行する方式です。どのように利用するかといえば、飛行する航空機が人工衛星のGPSの信号を受信し、航法衛星から送られてくる補正信号で修正して、自分の位置を測定し、自動的に地上の管制機関に伝え、管制機関はこの位置情報をもとに前後・上下・左右の航空機との間隔設定などの交通整理を行います。

GPSを構成する衛星NAVSTARから発信される電波には、原子時計で刻まれた発信時刻が付いています。

測定は、3機のNAVSTARから到達する電波の到達時間に電波の速さを掛けて3機のNAVSTAR

からの距離を求めます。

距離はNAVSTARを中心にして描く円の半径になっているので、空間に3つの円を描くことができます。

3つの円が交わると球面をした三角形ができます。この三角形の中心を求めると、そこが航空機のいる位置になります（図5－8）。

図5-8　3機のNAVSTARによる位置測定

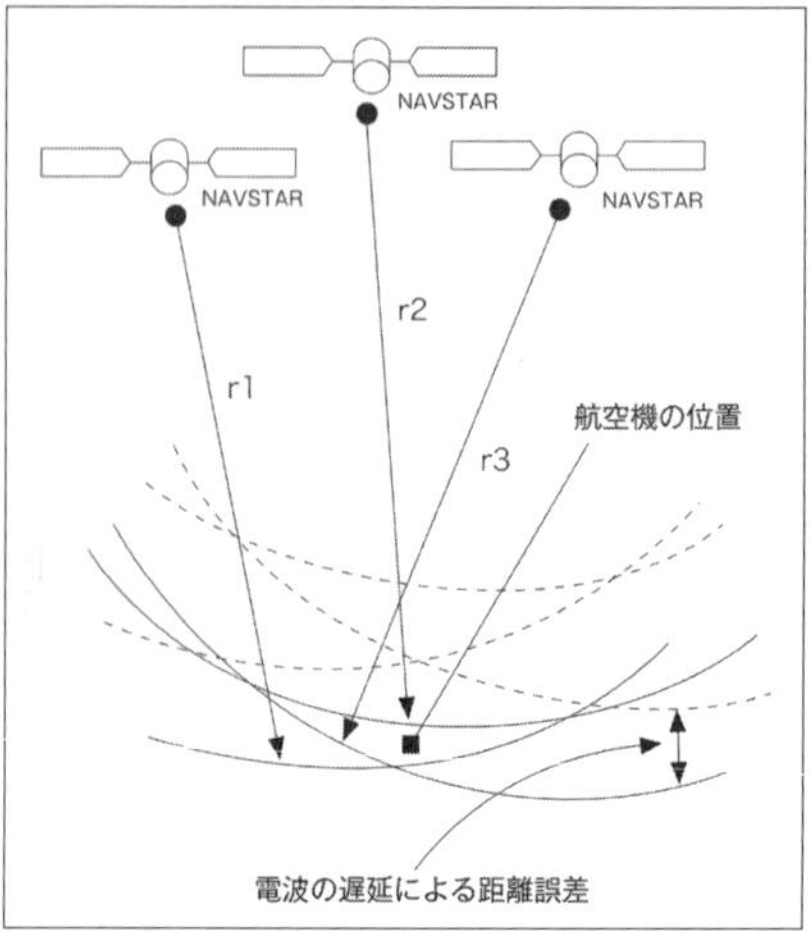

4機目のNAVSTARからの距離は、地球の平均海面からの航空機の高さ（高度）を求めるのに使われます。

こうして航空機の空間位置は、地球表面上の緯度経度と高度で求められますが、その位置は日によって変動があり、どんなに厳密に測っても誤差があって、±10マイルという不正確なものです。

そこでGPSとは別の衛星として打ち上げられた航法衛星は、あらかじめ地上で計算して送られたその日とその時刻の修正値をもっているので、航空機は航法衛星から修正値をもらって±10マイルの誤差を±１マイルの誤差に修正します。

航法衛星がもっている修正値とは、長年の天体観測やＧＰＳ測定で正確な緯度経度がわかっている既知の地上施設にアンテナを立てて、ＧＰＳから送られてくる信号でその日の緯度経度を測って、両者を比較して得た値の差を修正値として、航法衛星に送られたものです。

航空機の位置計測では、受信信号の完全性といって、常に４機の衛星から同じ強さの信号が届くことが保証されていなければなりません。

ところがＧＰＳの発した電波が航空機に届くまでにはさまざまな障害があります。

ＧＰＳの静止衛星NAVSTARは、北米から見て静止するように設定されているので、日本やその周辺では、いつも24機のNAVSTARから発射される電波が同じ強さで受信できるとは限りません。

また1機ずつのNAVSTARの位置はわずかですが、正規の位置からずれることがあります。

このときは航空機が受信しても、発信したときのNAVSTARの位置のずれにともなって、北米上空ではずれていなくても、日本上空では電波の発信時刻がずれています。

つまり発信電波の信頼性がそれだけ低下しています。

また航空機に届く電波は、電波がＧＰＳを出発したあと電離層を通過する間に、イオンや電子や粒子に邪魔されて遅延を生じます。

日本は高緯度に位置していて比較的電離層の影響を受けやすいので、電波の遅延は最大で18秒になることもあります。

図5-9　「みちびき」と地上投影軌道
©宇宙航空研究開発機構（JAXA）

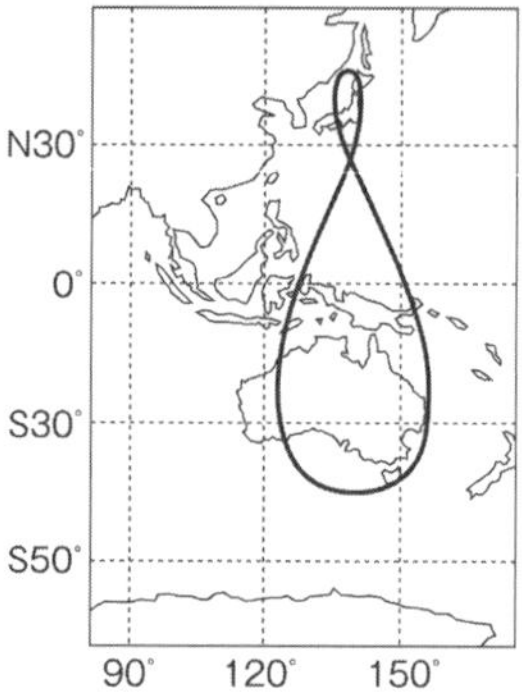

米国周辺ではこの完全性や信頼性が保証されているので、ＧＰＳと航法衛星インマルサットを使って、誤差±０・１マイルの位置情報が得られますが、日本周辺の上空では誤差±２マイルの精度までしか得られません。

日本でこれらの不具合を解決するため、ＪＡＸＡが日本版ＧＰＳ

といわれる準天頂衛星「みちびき」によって2018年に4機体制でサービスを開始し、2023年までに7機を打ち上げて完成しようとしています。

図5－9で示したように、7機の人工衛星は日本上空からオーストラリア上空まで8の字を描いて周回します。こうすることによって、日本のほぼ真上（準天頂）にあるNAVSTARに相当する4機の人工衛星から、常に測位情報を得ることができるようになります。

日本だけでなく、東南アジアからオーストラリアまでの地域上空では常に4機の人工衛星がいて、そこから発信される電波は確実に捕捉されるとともに、電離層を通過する時間も短縮できるので、遅延時間も減少します。

2023年以降にこの地域を飛行する航空機は、米国上空を飛行するときと同じ以上の誤差精度で、完全性と信頼性のある電波を受信することができ、位置情報は米国と同等の誤差±0.1マイルまたはそれ以上の精度が期待されています。

2100年には、極超音速機の飛行位置の監視範囲の拡大と、地上の複数の施設のDGPS情報（GBAS：Ground Based Augmentation System　地上型衛星航法補強システム）を計測して平均化する方法を大々的に取り入れて、ILSのない地方・離島空港にも日本版JPALS（後述）が普及しているでしょう。

高度変更に時間がかかる洋上飛行

現在、洋上を飛行する航空機が高度変更をする際は、管制機関に要求して管制官の交通整理の指示で高度を変更していますが、手順が複雑で時間がかかるのが難点です。

2020〜2025年頃の近い将来、画期的方法によってこれが一変しようとしています。

この方法を説明するために、日本の管制機関を例にとって必要な基礎的知識から解説していきましょう。

飛行高度はどのようにして決められるか

航空機の飛行高度は、ICAOで西行き（180〜359度）は偶数高度、東行き（0〜179度）は奇数高度と決められています。

飛行高度を計器飛行方式（IFR）で飛ぶ航空機同士の垂直間隔は、2万9000フィート以上では2000フィート（600m）、それより低い高度では1000フィート（300m）と決められています。高いところを飛行するほど、安全に必要な垂直間隔は大きくなっています。

パイロットが目で見て飛行する有視界飛行（VFR）の航空機は、2万9000フィート以下の飛行高度で飛行することが義務付けられていて、IFR機の中間の高度（IFR機とVFR機の垂直間隔は500フィート）を維持して飛行しなければなりません。

次世代航空機の衛星信号判別の精密化

NAVSTARと航法衛星から発信される電波をうまく利用できるかどうかは、航空機が搭載している受信機の能力にかかっています。

この受信機の性能を表すのが、RNP（Required Navigation Performance：航法性能要件）という言葉です。

RNP４といえば、航空機の全飛行時間の95％が航空路の中心線から左右４マイル以内に留まる性能のことをいいます。

米国のジャンボ機B７４７ｰ４００とヨーロッパのエアバスA３２０以降に製造された中・長距離旅客機はすべてRNP４の性能を備えています。

最新のB７７７、B７８７やA３８０は、RNP０・１を受信する性能を備えています。

このRNP０・１はあとで説明しますが、驚くほどの着陸性能を発揮します。

近い将来には、GPS衛星のNAVSTAR自身がもつ不良信号発信停止の機能もさらに精密かつ厳格化されます。

また２０２０年以降の次世代機は、航空機（受信側）に取り付けられた信号評価機能のうち、衛星からの信号の強さと精度が一定の判定基準に収まっているか、信号の衛星発信時刻が正確かを判定する基準が一段引き上げられます。

これによってＲＮＰ０・01クラスの性能をもつ旅客機が現れるのも夢ではありません。

それでは、これからこの航法性能要件（ＲＮＰ）の向上がどれだけ飛行の効率化に貢献するようになるかを示してみましょう。


現在世界の航空機製造会社と航空会社は、なんとかして飛行時間を短縮して、燃料の節減とエコ対策へ貢献しようと努力しています。

旅客機が洋上の航空路を飛行中、最も飛行時間と燃料をロス（損）するのは、高度を変更するために遠回りをしなければならないときです。

一般に旅客機はだんだんと速度を上げて、できるだけ空気抵抗の少ない高い高度へ上がろうとします。

このときに必要となるのが航空路の中での高度の変更です。

図５－10は洋上航空路内での高度変更を示したものです。

洋上の航空管制を担当する日本の管制機関を航空交通管理センター（ATMC：Air Traffic

図5-10　洋上航空路での現行の高度変更

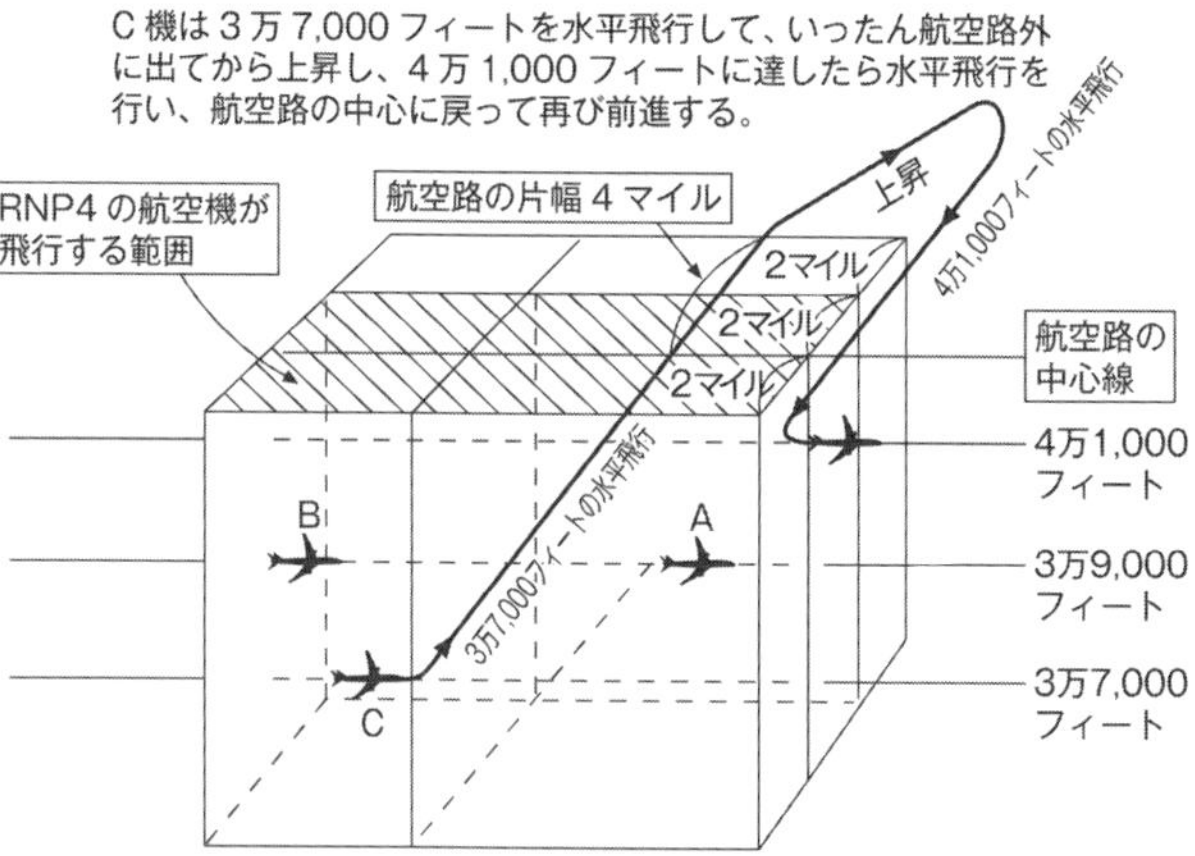

Management Center）（図5－11）といい、管制官が洋上管制卓の前に座って、画面（図5－12）を見ながら交通整理をしています。

図5－12の一番左の洋上管制シミュレーター画面は、交通整理をしている航空機から自動的にCPDLC（管制官～パイロット間データリンク通信）で送られてきた位置情報（ADS情報）などを表示した画面（図5－13）です。

いま太平洋上の航空路を、衛星を利用したRNP4の性能をもつA、B、Cの3機が、管制機関の管制指示にしたがって3万7000フィートと3万9000フィートの高度を飛行しているものとします。（図5－10）

高度3万7000フィートを飛行している航空機

図5-11　航空交通管理センター（ATMC）

図5-12　ATMCの洋上管理卓の画面

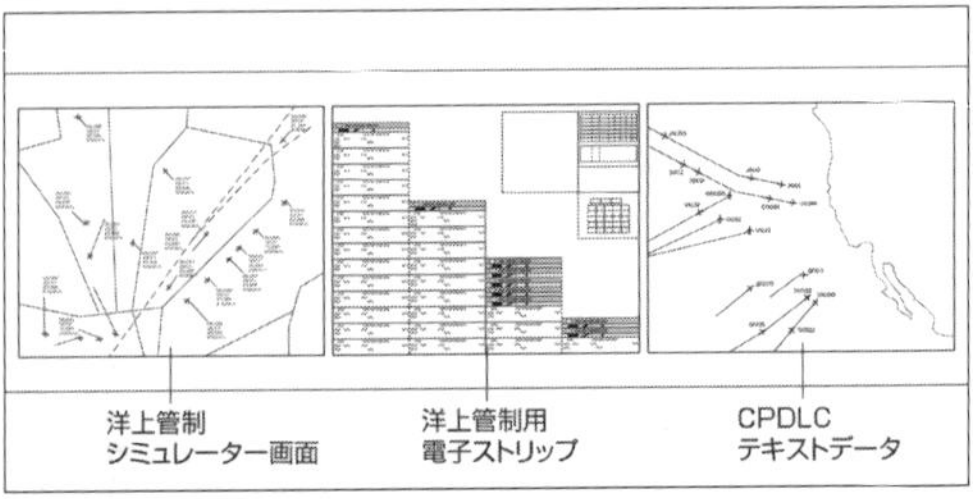

図5-13　ADS情報を映した画面

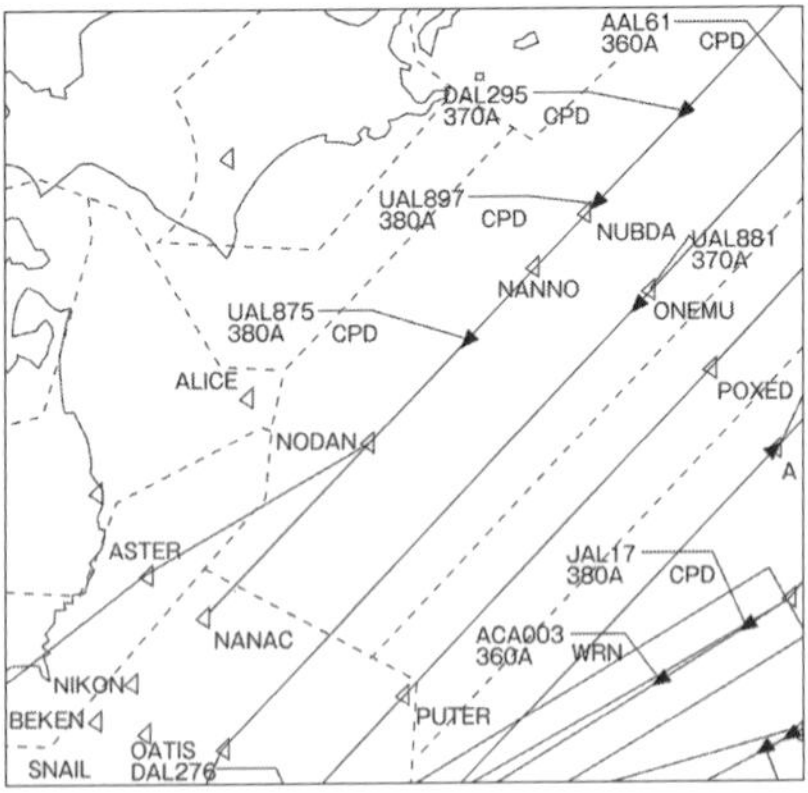

Cは4万1000フィートが最適な巡航高度なので、3万7000フィートから4万1000フィートへの高度変更を管制機関に要求します。

現在は、管制機関の管制官はＣ機の要求に応えるために、図５－10に示したように、Ｃ機を３万７０００フィートで水平飛行をさせていったん航空路外に出してから４万１０００フィートまで上昇させ、再び水平飛行をさせて航空路の中心線に向かわせ、そこで航空路の中を前進させる計画を立てます。

このため管制官は、次の手順でＣ機が高度変更をするように指示します。

「管制官から指示されてから、まずＣ機は左旋回して３万７０００フィートを維持したまま、左右４マイルの幅をもつ航空路のうちの、航空路の中心線から左側２マイルのさらに外側２マイルの地点まで水平移動します。

Ｃ機は自機のナビゲーションディスプレイで確実に指示された地点に移動したことを確認したら、次に右旋回して４万１０００フィートに上昇します。

続いてＣ機は４万１０００フィートに到達したら水平飛行に移り、右旋回して航空路に進入し、４万１０００フィートの高度を維持して巡航します」

この間管制官は、Ｃ機が自動的に通報してくる位置情報を自動表示する洋上シミュレーター画面を見ながらＣ機の動きを監視します。

管制官がこのような指示ができるためには、Ａ、Ｂ、Ｃ機が衛星の信号を受信できるＲＮＰ４

の航法性能を備えている、図5－10で示したA、B、C機の他に周辺に航空機が飛行していない、A、B機が衛星を利用して飛行するときの最小間隔30マイルの縦間隔で飛行している、といった条件が整っていなければなりません。

またRNP4で飛行しているA、B、Cの航空機は、ICAOが規定しているように、航空路の中心線から左右2マイル内の中心（コア）空域を飛行していなければなりません。

航空機が安全に高度変更をするためには、これだけの旋回・上昇を繰り返して初めて可能になるもので、航空機の移動に時間がかかることがよくわかると思います。

さて未来はどうなるでしょう。

衛星航法の向上で飛行の時間と燃料損失を減らす

2025年頃は、日本では日本版GPS「みちびき」と改良MTSATにより、また米国では改良GPSと改良インマルサットにより、照合する既知情報の少ない洋上においても、航空機は現在のRNP0・1の航法性能よりも優れたRNP0・01に近い航法性能を備えているでしょう。

また管制機関へ自動的に位置情報を送る管制官～パイロット間データリンク通信（CPDLC）はVHF帯からトランスポンダーCの周波数帯（SHF帯）に改良されて、送信速度の高速化が図られ、地上での受信間隔が現在の14～32分間隔から約３分の１となる５～10分間隔に短縮されるでしょう。

ではそうした環境が整った際の高度変更はどうなるのか、見てみましょう。

太平洋上を飛行するパイロット席前の航法の集約ディスプレイには、地上の管制官が監視に用いている衛星位置情報画面の一部が写し出されています。

管制官が監視のために使う画面とは、洋上の航空路を飛行している航空機からデータリンクで送られてきた生の受信時刻付きの位置情報をそのまま、多数の直線で描いた航空路上にプロット（点描）し、表示したものです。

前掲の図５－13は、生の位置情報から航空機の対地速度を考慮して時間経過後の航空機位置を推定したもので情報の更新時間が遅く、使いません。

地上の管制機関は、この衛星位置情報画面に映っている全航空機の位置情報を、ＳＨＦ帯のデータリンク（NEW CPDLC）で、担当する飛行情報区（FIR：Flight Information Region）を飛行する全機に放送しています。

図5-14　洋上航空路でのADS-Bを利用した高度変更

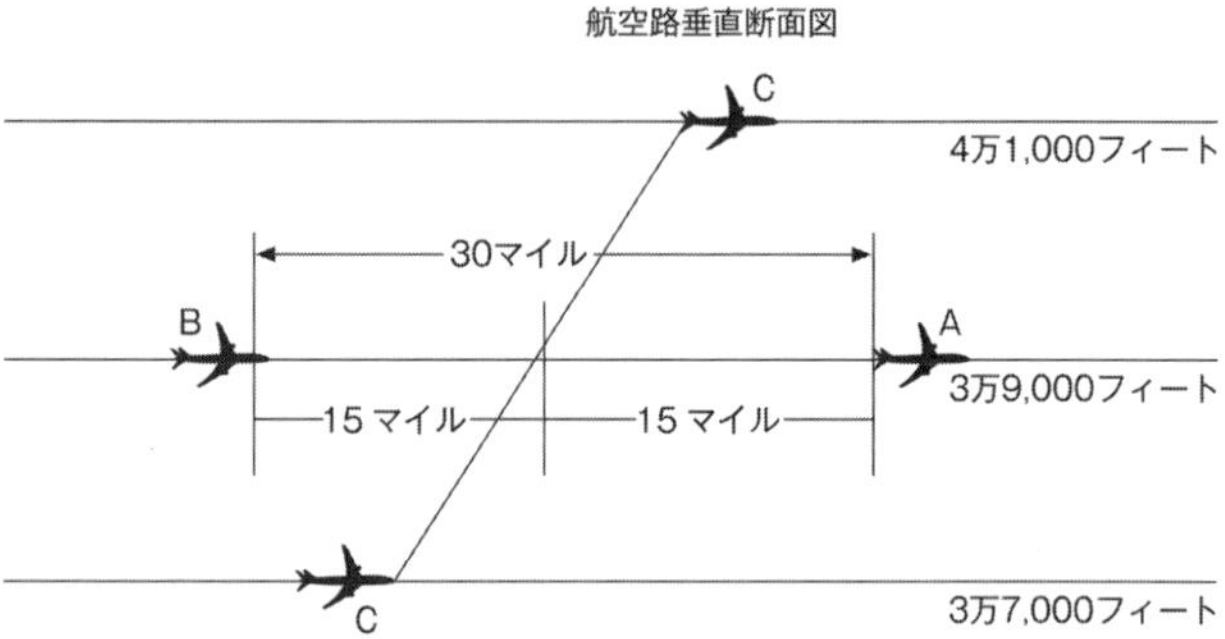

C機のコクピットの監視画面には、この中からC機が上昇するときに注意しなければならない周辺の航空機（これを交通情報といいます）の位置を機上で推定した情報だけを、切り取って表示されています。

パイロットは**図5－14**に示したように、自身の希望する上昇経路が、AとB機が飛行している高度3万9000フィートの中間を横切ることが可能だという仮想表示が画面で確認されたので、A、B機の中間点を通過するようにコンピューターに指示し、航空機を自動操縦します。

この場合コンピューターは、A機とB機の前後の航空機からちょうど15マイル離れた中間点のところを通過するようにします。

この間パイロットは画面を監視し、必要なときはいつでも手動に切り替えられるように準備をしています。

こうすることによって、3万7000フィートから4万

１０００フィートまで上昇して高度変更をするのに10～20分かかっていたものが２～４分で済みます。

パイロットが交通情報を機上で確認できるようになれば、こうしたことが可能になるのです。

航空機自身による周辺状況の監視装置を航空機監視応用システム（ASAS：Aircraft Surveillance Application System）と呼んでいます。

ＡＳＡＳの利用は、管制官とパイロットとが合作で飛行の安全と効率化を図ろうとするもので、航空界にとっては21世紀前半の重要目標です。

現在米国のＦＡＡや欧州のユーロコントロールで研究が進められていて、日本では、航空局の電子航法研究所が交通情報の送信システムの研究を進めています。

次に、安全と効率性をもたらす、もうひとつの衛星を利用した未来の航法の改善を見てみましょう。

衛星利用による到着機管制の精密化

ヨーロッパでは旅客機を定刻から15分以内に離発着させることが課題となっています。また米国では到着機を定刻に着陸させることが遅くとも２０２０年までの目標とされています。

軍用機は、一度に多数機がほぼ同時に離陸して敵味方に別れて訓練をし、一度に多方面から帰投するので、これに順序を付けて間隔を設定するのが管制官の判断ですが、このアルゴリズムをつくるのは帰投するコースが無限にあって、かなり難しいとされています。

一方、民間機は、決まった経路を通って多数の航空機が流れをつくって目的地に向かうので、その間の順位と間隔を設定するアルゴリズムは比較的容易にできそうです。

ところが民間機の流れは遠距離にわたって広範囲に何本もでき、それが分岐したり、合流したりしています。また流れの中にも速い航空機と遅い航空機がいます。

つまり飛行の順序が頻繁に入れ替わるということです。

しかし、管制官は自分が担当する飛行情報区を飛行する航空機はすべてレーダーと衛星で掌握しているので、入れ替わりを考慮して、航空機の最終目的地の到着の順番を付けることは不可能ではありません。

流れの中の航空機のほうでは、自分がどの航空機（先行機）のあとに続けばよいかがわかれば、その航空機との間に決められた間隔を保って飛行することは難しいことではありません。

この先行機の位置を知らせるのが、地上の管制機関が放送している全機の位置情報です。

図5-15　管制官（核心）と気象・衛星・空港など（周辺）関係

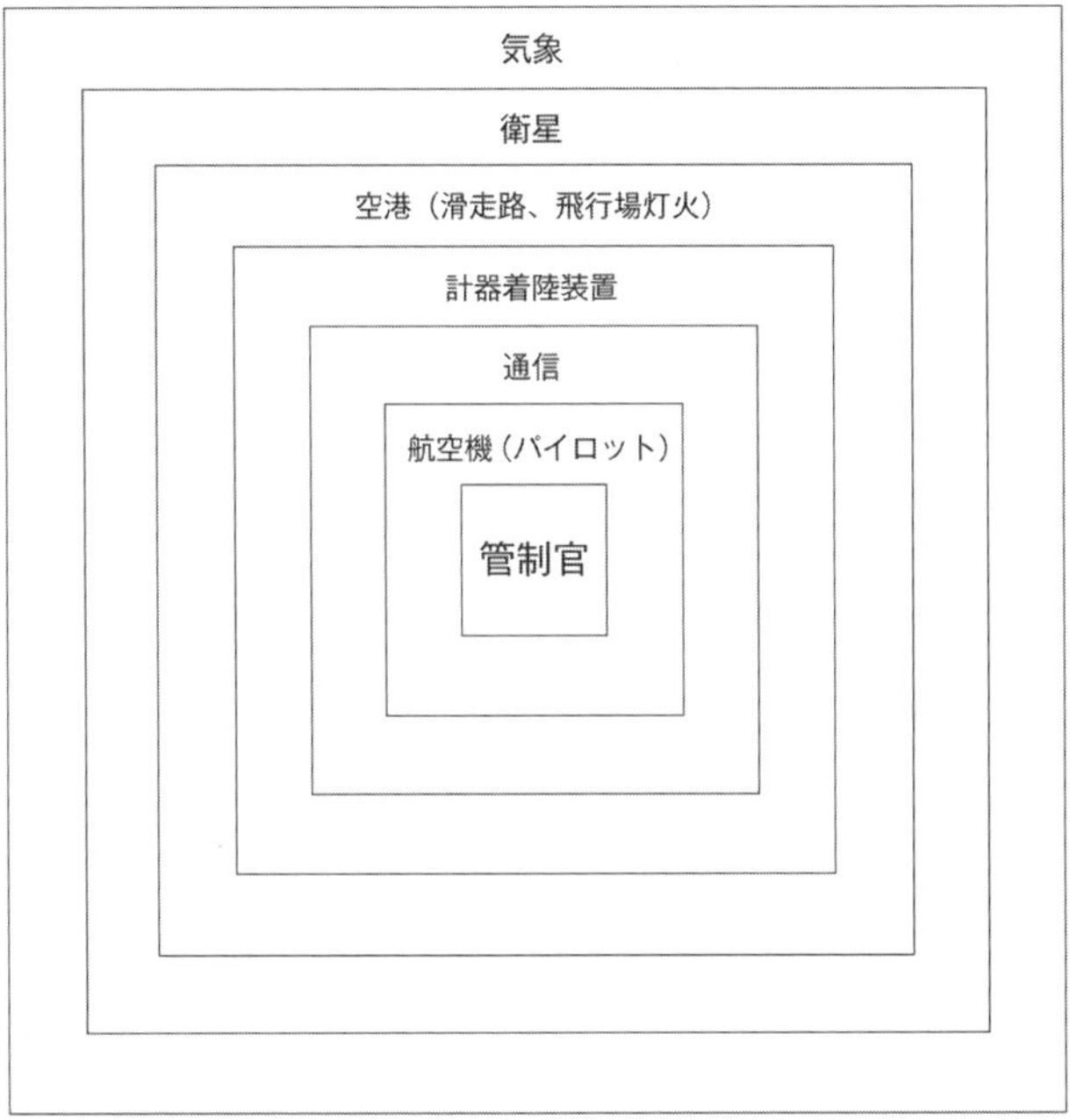

この装置を放送型自動従属監視（ADS-B：Automatic Dependent Surveillance-Broadcast）と呼んでいます。

アメリカ連邦航空局（ＦＡＡ）は、米国が管轄する高度1万フィートを超える空域を飛行するすべての航空機に対して、２０２０年１月１日までにＡＤＳ－Ｂを装備するよう義務付けています。

説明を簡単にするために、到着機について考えてみましょう。

地上の管制機関のコンピューターシステムは、データ解析によって管制官に目的空港の到着の順番を算定し、管制官に知らせます。管制官はそれを参考にして、到着順位を決め、航空機に伝えます。

国土上空や洋上の航空路を飛行している航空機には、飛行軌道を予測して常に空港到着までの飛行時間を正確に予測するコンピューター機能が備わっています。併せて、管制機関から指示された順位と先行機からの時間間隔を守るための計算機能も備わっています。

航空機は、自分は誰（先行機）の次に到着するかを知り、機上の計算機は自動的にその航空機の位置をＡＴＳ－Ｂで確認して、必要な間隔をとって先行機のあとに続きます。

この計算に力を発揮するのが、「データサイエンティスト」です。図５－15で示した飛行に影響するすべての要素をデータ解析し、飛行順位、間隔とこのために必要な調節速度などを算出します。

到着時間間隔の効率化

いま図５－16に示したように、航空路を通ってＡからＦまでの航空機の２つの流れがターミナル空域（進入管制区）に達し、滑走路の手前10マイルのところで合流して、１本の流れになり、滑走路に向けて進入するものとします。

図5-16　航空路空域におけるアプローチの等間隔（2分）の設定

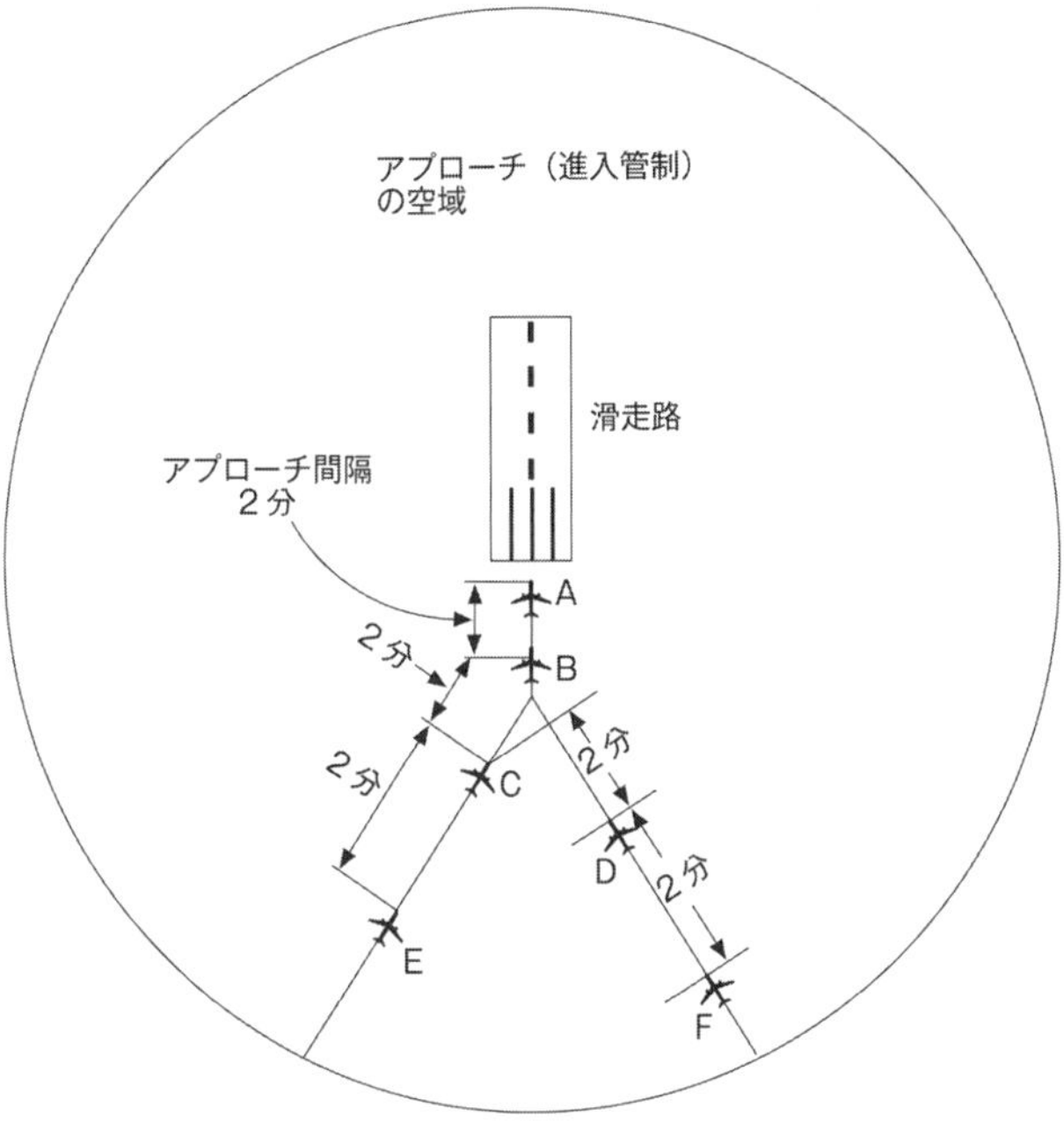

滑走路に接地する間隔は２分とします。

航空機は２分ごとに滑走路に着陸し、誘導路に入り、タキシング（地上滑走）をしながらパーキングデッキに向かいます。

パーキングデッキに到着する全航空機の時刻は、ドンピシャリ予定どおり、定刻です。

２分間隔といっても、C、E機やD、F機のようにターミナル空域に入ったばかりのときは240～300ノットと速度が速いので２機間の距離間隔は８～10マイルと長くなります。

だんだん滑走路に近づいて前後の航空機の速度が140～160ノットと遅くなれば、前後の航空機の距離間隔は4・7～5・4マイルと縮まります。

将来、この到着の等時性と定時性の時間管理が実現される頃には、ターミナル空域に入る前の洋上のRNAV航空路を先行機・後続機の両機ともRNP0・1で飛行しているので、おそらく両機の間隔は現在の30～50マイルから15～30マイルに短縮されているでしょう。

航空機のコンピューターは、航空機が航空路から滑走路手前の1本道に1分30秒～2分間隔で達するまでに、何回も到着予定時刻を計算しては先行機との距離間隔を修正して調整します。**図5－16**に示した最終進入の1本道へ入るときの進入時間間隔はそのまま滑走路に接地する到着時間間隔になります。

この時間間隔を1分30秒ずつにするか、または2分ずつにするかは、到着空港の管制官が離着陸滑走路の本数、天候、交通量などを考慮して決めるので、パイロットは管制官の指示にしたがって機上のコンピューターに入力します。

パイロットがコンピューターに入力する時期は離陸前で、フライトデッキ（パーキングスポットとも呼ばれています）でプッシュバックを要求する前の飛行前点検のときです。

このように到着時間を自動調整することを、米国や日本では自動発着時間管理（FIM：Flight deck Interval Management）と呼び、旅客機の運航を効率・省エネ化する最有力手段として開発に取り組んでいます。

ＦＡＡの見積りでは、この時間管理によって少なくとも、航空機はフライト間の消費燃料の５％の節約ができ、タキシングにかかる時間も2～4分節減できるとしています。

航空管制の仕事を管制官一人で行っていたものが、パイロット（航空機）にも一部を分担してもらって安全と効率性と環境適合性を増そうというのが、この次世代の航空管制の本旨です。

このようにして近未来には、鉄道の列車運行に匹敵する旅客機の飛行の連続性と定時性を支援する、画期的な航空管制の方式が生まれようとしています。

高精度なＧＢＡＳの日本への導入

これまではＧＰＳと航法衛星を利用したＲＮＡＶ航法を説明してきましたが、この方式の現在の最高精度はＲＮＰ0.1で、それ以上の精密さを得るには衛星の更新など時間がかかります。

ちなみにＢ７４７－４００やＡ３２０が搭載する受信機の性能はＲＮＰ0.1なので、滑走路に向かって降下する最終進入経路はＲＮＰ0.1の精密さで進入します。

米国の地方を含めた多くの空港には、ＲＮＰ０・１のＲＮＡＶ（ＲＮＰ）進入方式が設定され、Ｂ７４７－４００、Ｂ７６７クラスの旅客機に計器着陸装置（ＩＬＳ）の設定されていない方向からの着陸に便宜を与えています。

ＩＣＡＯが公式基準を決め、ＧＰＳとインマルサットを利用して、米国で航空路を飛行するのに公式値として利用している航法性能は現在、ＲＮＰ０・１までです。

ＩＬＳに匹敵する衛星利用の最終進入方式（ＲＮＡＶ進入）を得るには、航法衛星を利用する方式では限界があるため、航法衛星より性能のよい地上の多数のＧＰＳ受信アンテナを利用するGBAS（Ground Based Augmentation System：地上型衛星航法補強システム）という方式が使われています。

この方式は、空港の進入経路の周辺などの地上にＧＰＳ受信用のアンテナを多数立てて、各地点で得られる位置情報を集めて精度のより高い修正値（ＤＧＰＳ）をつくり、進入する航空機により精密な三次元空間の位置情報を与えるものです。

ＤＧＰＳとは、すでに航法衛星で簡単に説明しましたが、NAVSTAR衛星から発せられる４つの信号で計測する位置情報（緯度経度）を、天体観測やＧＰＳ測位などで長年かかってより高

図5-17　JPALSのイメージ

い精度で得ている既知の施設の位置情報（緯度経度）と比較したその差の値だけでなく、誤差を最小限にする方法・方式・装置・施設などもいいます。

ＤＧＰＳの働きをするのは、航法衛星の他に、地上ではＧＢＡＳがあるということです。

現在米国で開発され利用されているＧＢＡＳには、軍事用に開発され民間にも開放されている統合精密進入着陸システム（JPALS：Joint Precision Approach and Landing System 図5－17）や、民間用に開発されたスターファイヤー（STAR FIRE）などがあり、このシステムの最先端をいっています。

その原理は図に示すように、衛星利用の着陸進入経路を囲むように配置された複数のＤＧＰＳアンテナから得られる誤差情報を集めて、さらに平均化してより精度の高い位置情報を得ようとするものです。

航空機は滑走路延長線上7～10マイルから精密な最終進入を開始しますが、１９９５年頃までは、この部分を計器着陸装置（ＩＬＳ）だけに依存していました。

米国で開発され、ＩＣＡＯ（国際民間航空機関）でも認められた、これらのＧＢＡＳを利用する航空機は、最終進入経路上で水平方向±10㎝、垂直方向±20㎝の精度で空間位置を飛行することができます。

これによってＩＬＳを搭載できない小型機も、衛星を利用して米国内の空港（Airport）や地方空港（Field）に、天候に関係なく計器飛行による着陸ができるようになりました。

日本では、航法衛星のところで説明したように、地理的位置関係からＧＰＳを構成する24機のNAVSTARのうち4機からの信号のひとつが弱かったり、電離層で遅延する時間が長かったりして、位置情報の基本となる米国のＧＰＳの信号がいつも完全な状態で得られるとは限らないので、現在計画されている日本版ＧＰＳの準天頂衛星「みちびき」が完成（２０２３年7機体制）したあかつきには、これを利用して高精密の日本版ＪＰＡＬＳを開発して運用することが可能になります。

日本では電子航法研究所と国立大学法人の東京海洋大学が共同で、米国で開発されたカテゴリーII／III用GBASの地上基準局に使うマルチパス・リミッティング・アンテナ（MLA：Multi-path Limiting Antenna）に匹敵する円偏波アレイアンテナの試作に成功しました。

これらの先行開発によって2020年以降日本でも「みちびき」を利用して、航空機がILSの性能並みの地球航法衛星システム（GNSS）進入ができるようになります。

世界では日本の航空局の電子航法研究所や大学、米国やヨーロッパの航空局、ユーロコントロールの研究機関や大学、中国の航空局の研究機関などが、GBASの精度をさらに上げて、ILSの最高レベル並みのGBAS進入の実現を目指して研究を進めています。

それではJPALSが実際どのように利用されているかを理解して、さらにその先を予測してみましょう。

ロサンゼルス国際空港の衛星進入システム

図5－18は、北米南側の西海岸に位置するロサンゼルス市の鳥瞰図です。ロサンゼルス国際空港が海岸沿いのほぼ中央付近にあることがわかります。図5－19はロサンゼルス国際空港の滑走

図5-18　ロサンゼルス国際空港と市街地

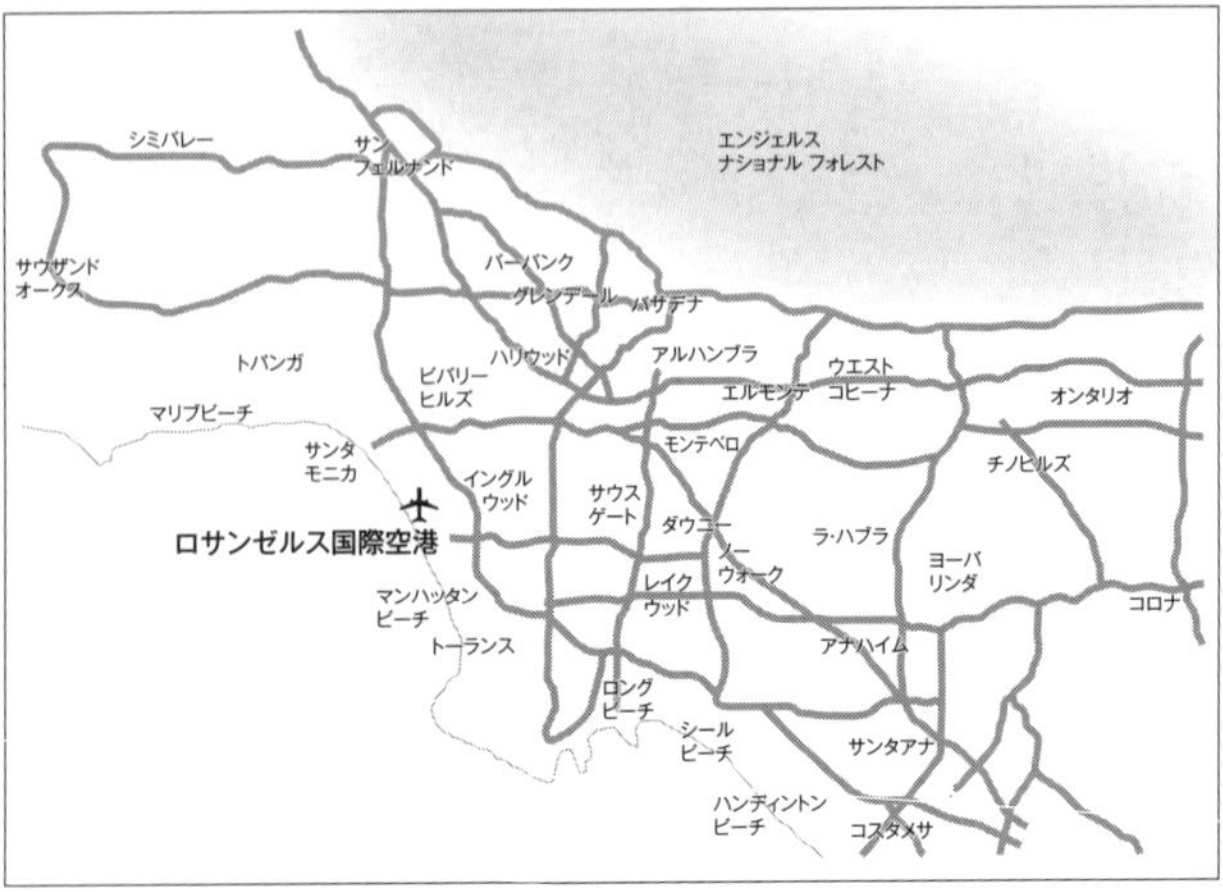

路を上空から見たものです。

ロサンゼルス国際空港はサンフランシスコ国際空港と並んで、米国の西海岸の玄関に位置する空港で交通量も多いので、それにふさわしく平行滑走路が4本あります。

滑走路は6L（24R）、6R（24L）と7L（25R）、7R（25L）の4本が、070・7度の磁方位の方向に平行に設置されています。

滑走路6L、6R、7L、7Rは、太平洋の海のほうから東向きに着陸したり、滑走端から東向きに離陸するときに使用される滑走路です。

同じ滑走路を反対方向から海の方に向かって離着陸するときは、磁方位250・7度の滑走路24R、24L、25R、25Lの滑走路を使用します。

4本の滑走路は同じ方向を向いているのに、なぜ

図5-19　ロサンゼルス国際空港の滑走路

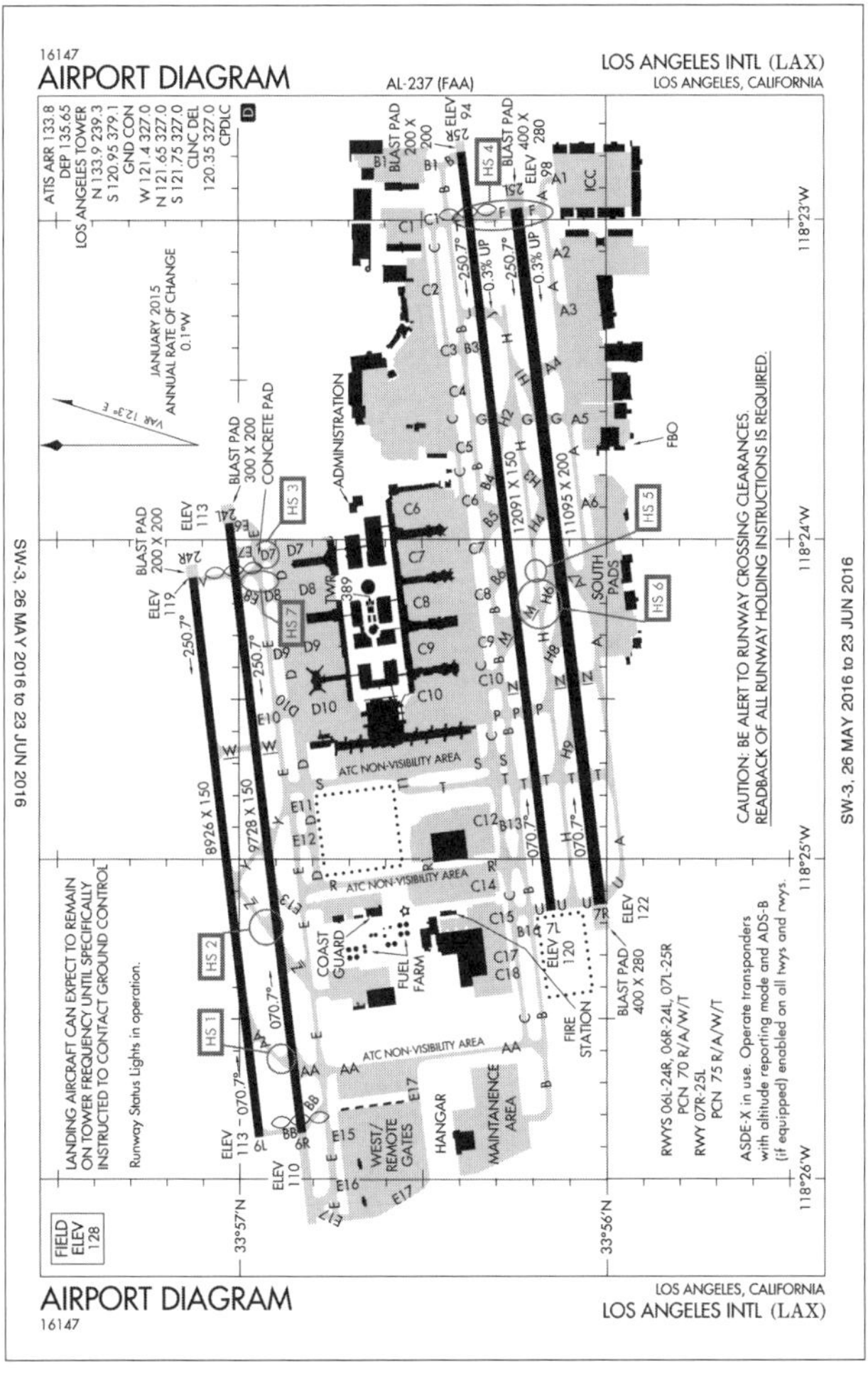

10度単位の磁方位で表す滑走路番号が「7」ではなくて、「6」、「7」と違うのでしょうか？

滑走路に違う番号を付けるのは、すべての滑走路に違う名前を付けて混乱しないように、滑走路を特定するためです。

管制官が航空機に、4本のうちのどの滑走路に着陸してよいかを間違いなく指示するためには、指示する滑走路がパイロットに混乱なく識別できなければなりません。

さて予備知識はこれくらいにして、いよいよ米国の衛星を利用する最終進入方式が、どれだけ精度の高いものかを説明しましょう。

ロサンゼルス国際空港の4本の滑走路には、それぞれの滑走路にＩＬＳを使った進入方式が、反対方向からの進入も含めて2本ずつ合計8本、衛星を使った進入方式が15本、そのうちＪＰＡＬＳかSTAR FIREのＧＢＡＳを使った精度の高いＲＮＡＶ（ＧＰＳ）進入方式が8本設定されています。

図5－20はＦＡＡが航空路誌に掲載している、滑走路7Ｌへの衛星とＧＢＡＳを利用した進入方式（RNAV（GPS）Y RWY 7L）です。

図の上3分の2が平面図で、下3分の1が横からみた立面図です。

図5-20　ロサンゼルス国際空港の衛星進入方式

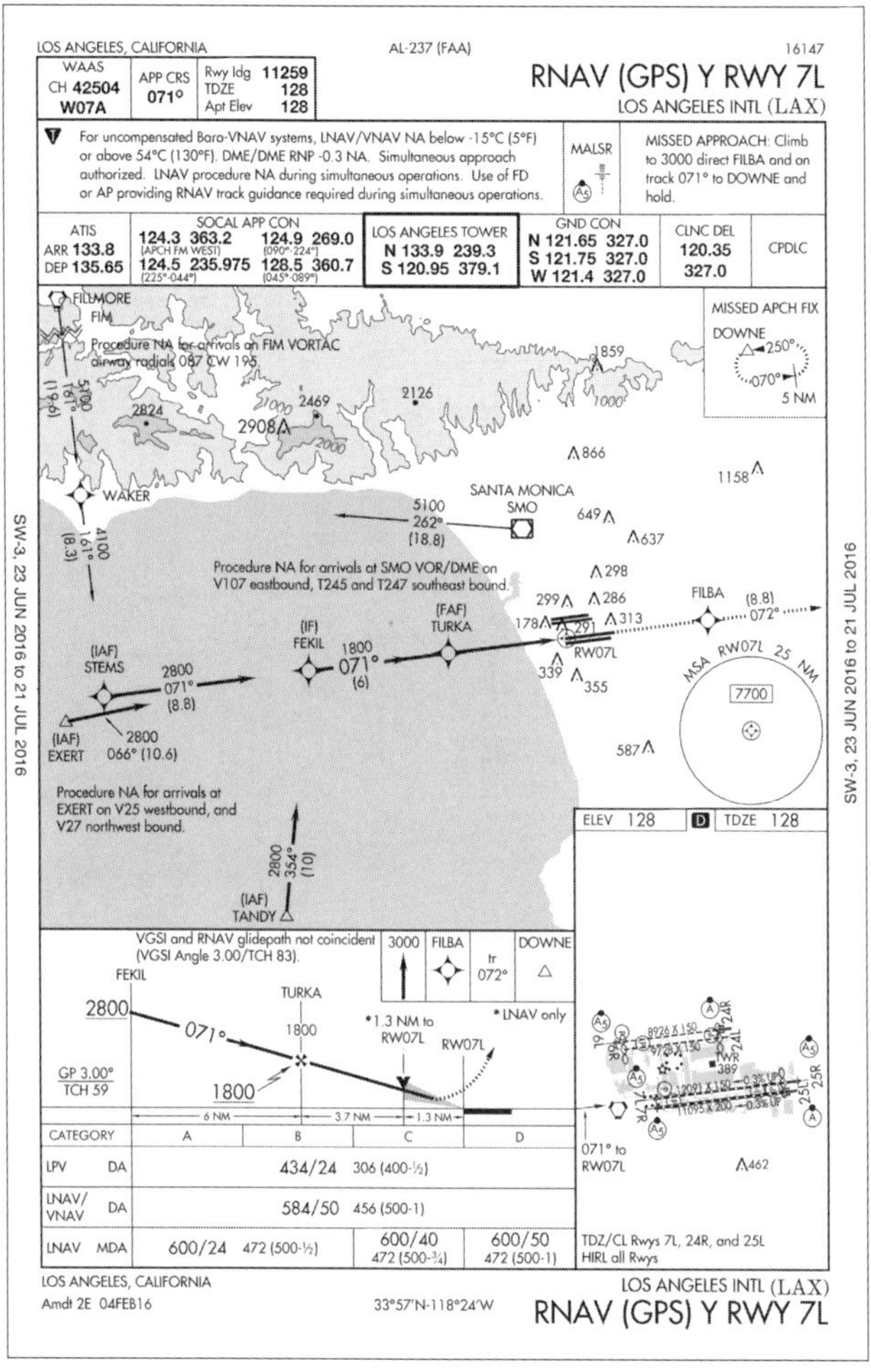

CATEGORY	A	B	C	D
LPV DA	434/24 306 (400-½)			
LNAV/VNAV DA	584/50 456 (500-1)			
LNAV MDA	600/24 472 (500-½)		600/40 472 (500-¾)	600/50 472 (500-1)

両者の図を見ると、海のほうから一番長い滑走路である7L（平面図）に目がけて、高度を徐々に下げながら進入（立面図）し、海岸線を過ぎたあたりで滑走路が発見できなかったら点線で示してある上昇に転じて、進入のやり直し（進入復行）をするように示されています。

次に一番下の表を見てみましょう。

二番目の欄の左端に「LPV DA」と書かれていますが、LPVはLateral Precision with Vertical Guidanceの略称で水平・垂直方向精密進入の意味です。

この方式は、現在米国で衛星を利用する進入方式の中で、GBASを使った最も精密な進入方式です。

DAはDecision Altitudeの略で、日本語で決心高度といい、航空機の降下を操縦してきたパイロットが着陸するかどうかを決心する高度です。

もしこの高度まで降りてきても滑走路7Lが見えなかったら、パイロットは直ちに上昇に転じ、進入復行しなければなりません。

DAと書いてある欄の右に目を移すと、434／24と記してあります。

434／24とは、決心高度が平均海面から434フィート、滑走路上で視程計で測って見える視距離（RVR）が2400フィート（732m）以上なければならないことを示しています。

その右に３０６（４００−１／２）と記してあるのは、標高（ＥＬＥＶ）１２６フィートを引いた滑走路面からの決心高度が３０６フィート、目視で視程を測った場合は決心高度が４００フィート、地上視程は１／２哩（８００ｍ）なければならないことを示しています。

米国では、視程がＲＶＲで測れないときは、その距離はフィート（Feet）ではなくて、哩（Statute mile）で表します。

それではこの衛星で進入する方式のＬＰＶは、精密進入を誘導する最高の精密な着陸装置であるＩＬＳと比較したら、どれくらい精密な進入ができるかをＩＬＳと比較して見てみましょう。

ロサンゼルス国際空港のＩＬＳ進入方式

表５−１はＩＬＳの種類（カテゴリー）と、パイロットがそれを利用したときの決心高度と視程を示したものです。

ＩＬＳ（計器着陸装置）は、**図５−４**で示したように着離しようとする航空機に、ＩＬＳの電波で滑走路からの方位・降下高度・距離を刻々与えて、最適な進入と降下を導く装置です。

このためＩＬＳは、水平方向に方位の信号を発信するローカライザー、降下のための高度の信号を発信するグライドスロープ、滑走路からの距離を示すマーカーまたは距離信号を発信する距

表5-1　ILSの決心高度と視程

ILSカテゴリー（CAT）	必要な装置	必要な補助装置	ランディングミニマ	
			決心高度	視程
CAT I	ローカライザー（LOC） グライドスロープ（GS） 距離測定装置（DME）	標準式進入灯	200ft以上	地上視程（VIS）800m以上 滑走路視距離（RVR）550m以上
CAT Ⅱ	Ⅱ/Ⅲ用 LOC GS DME	Ⅱ/Ⅲ用 標準進入灯 高光度式 滑走路灯 高光度式 滑走路端末灯 滑走路中心灯 接地帯灯 RVR測定器 （CAT Ⅱ：2組、CAT Ⅲ：3組）	100ft以上 200ft未満	RVR 300m以上
CAT Ⅲa			100ft未満	RVR 175m以上
CAT Ⅲb			50ft未満	RVR 50m以上 175m未満
CAT Ⅲc				RVR 制限なし

離測定装置（DME）から構成されます。

ILSは、航空機が雲や霧の中を飛行するときに利用することを想定しているので、最後に航空機が滑走路を発見するためには、**図5−21**に示したような高光度の進入灯（アプローチライト）、滑走路灯、滑走路末端灯、滑走路中心線灯、接地帯灯などの飛行場灯火、滑走路視距離（RVR）測定器の補助装置を必要とします。

ILSは、発信する方位・高度・距離の精度と補助装置の数や性能によって、5つの気象条件で着陸可能な等級（カテゴリー）に分かれています。

気象条件は決心高度と視程をセットにして「ランディングミニマ（着陸気象条件）」と呼んでいます。

カテゴリーI（CATI）は、基本となるILSで決心高度が200フィート以上、RVRが550

図5-21　ILS進入を補う補助飛行場と灯火

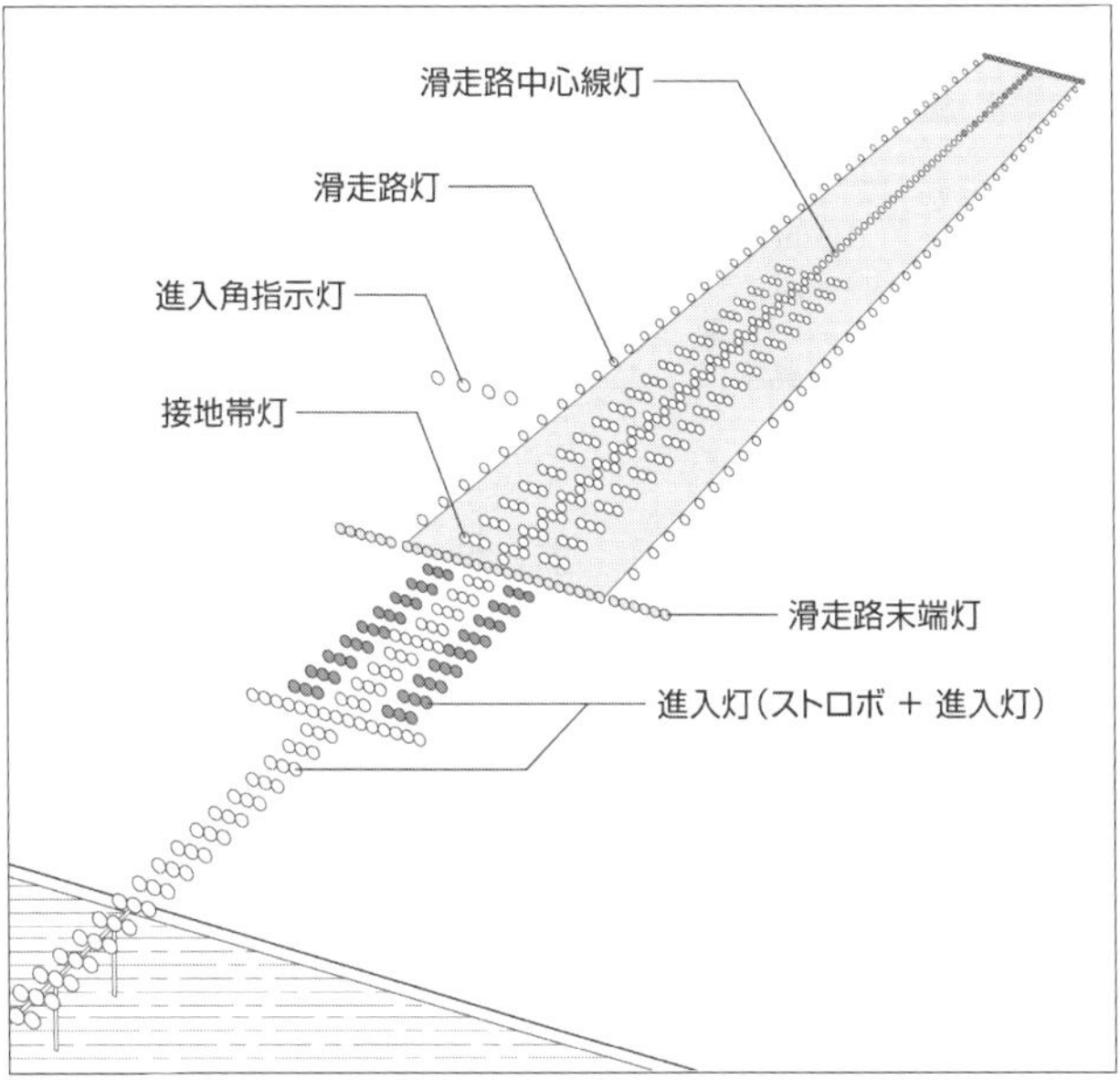

m以上の気象状態でも着陸が可能なシステムです。

表のランディングミニマの説明からわかるように、ILSはCATⅡ、CATⅢa、CATⅢb、CATⅢcと等級が上がっていくにつれて、ランディングミニマの条件がだんだん厳しくなって、雲や霧が立ち込めている中でも着陸できるようになり、最後のCATⅢcは一寸先も見えない決心高度ゼロ、視程ゼロでも着陸できるものです。

さて話をもとに戻して、滑走路7Lに設定されているILSの進入方式を見てみましょう。

図５−22は、海のほうから進入して滑走路７Ｌに着陸する「ILS or LOC RWY 7L」の進入方式です。

平面図を見てもらうとわかりますが、完全な矢羽根印で示されているＩＬＳはローカライザー／ＤＭＥ（Ｉ−ＩＡＳという略号を使用）から４・９マイルの地点（ＴＵＲＫＡ）までしか設定されていません。

その地点はちょうど海の上になり、マーカー（無線標識）の地理的目標物が設置できないので、「ＲＡＤＡＲ」と記してあるように、ＳＯＣＡＬ進入管制所または管制塔のレーダーで監視・確認することが条件になっています。

それではＩＬＳから先の、Ｉ−ＩＡＳから４・９マイル〜19・７マイルの間の進入はどうするかというと、航空機は、ＩＬＳのローカライザー／ＤＭＥ（Ｉ−ＩＡＳ）の方位・距離と航空機に搭載する高度計の高度を使って進入するように設定された、「LOC RWY 7L」の進入方式を利用します。

目を移して下のほうの表を見てみましょう。

最上段左端に「S-ILS 7L」と記してある欄に、決心高度３２０フィート、ＲＶＲ１８００フィート（５４９ｍ）と記してあるのがわかります。

図5-22　ロサンゼルス国際空港のILS進入方式

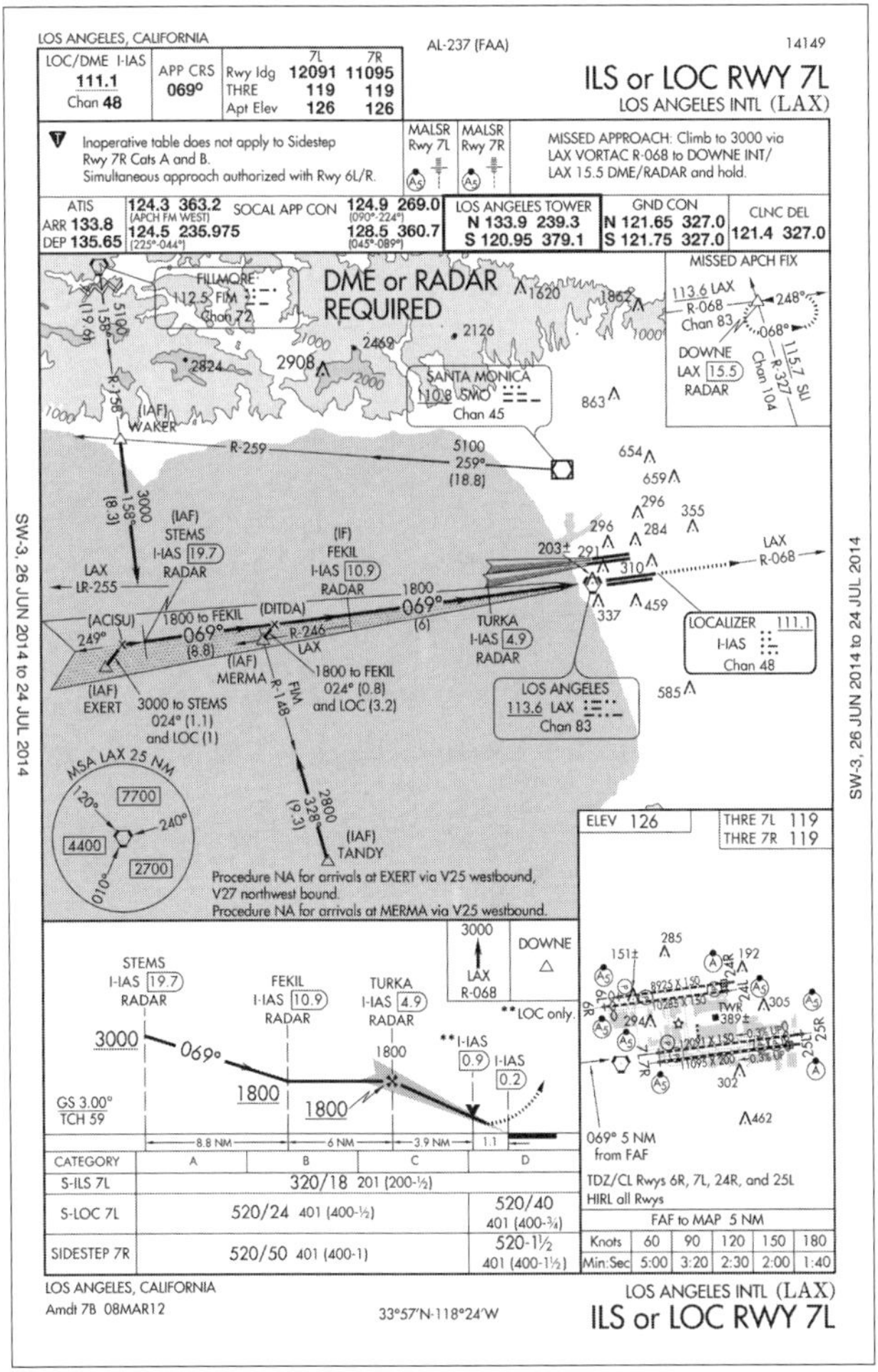

CATEGORY	A	B	C	D
S-ILS 7L	320/18 201 (200-½)			
S-LOC 7L	520/24 401 (400-½)			520/40 401 (400-¾)
SIDESTEP 7R	520/50 401 (400-1)			520-1½ 401 (400-1½)

FAF to MAP 5 NM

Knots	60	90	120	150	180
Min:Sec	5:00	3:20	2:30	2:00	1:40

このランディングミニマ（着陸気象条件）を前項で説明した衛星進入方式の「RNAV（GPS）Y RWY 7L」（図5-20）と比較してみましょう。

ILSに近づく衛星進入方式

ILS7Lの進入方式のミニマ「320／18」とRNAV（GPS）7LのLPVの進入方式のミニマ「434／24」は、決心高度でILSがLPVより114フィート、視程で600フィート（183m）低くなっていますが、LPVの衛星進入方式がほぼILSの精密度に近づいていることがわかります。

米国では「LPV300」といわれ、一般にLPVは決心高度300フィートまで保証されるとされています。

一方ILSのカテゴリーIは、決心高度200フィートまで保証されているので、あと少しの努力で衛星進入方式がILS進入方式と同等の精密度になります。

冒頭に述べたように、FAAやユーロコントロールの研究機関、日本の電子航法研究所や東京海洋大学などは、ILSカテゴリーII／IIIと同等の性能をもつ改良LPVと次世代GBASの完成を目指して精力的に研究・開発を行っています。

近未来には、日本の「みちびき」を初号機とする準天頂衛星システムＱＺＳＳの完成、米国のNAVSTAR更新時の新型衛星による電波の強度や精密度の向上、ＥＵのガリレオの２０２１年の完成、おおむね同じ時期の中国のCOMPASSの完成が実現すると、地球は１５０機以上の測位衛星で覆われて、これらの測位衛星を利用した複合測位ができるようになり、複数の測位衛星を利用して、位置情報の誤差を数十㎝までに精度をあげることができます。

さらに世界では、先を見据えた各国の１００を超える多数のＧＰＳや航法衛星の多元的利用によるＤＧＰＳ機能の向上、衛星レーダーの導入などが研究されていて、航法性能は現在値のＲＮＰ０・１から10倍の精密値をもつＲＮＰ０・01が実現するものと考えられます。

またＧＢＡＳには、天測や複数のＧＰＳによる既知のＤＧＰＳの精度向上や、レーザー光を利用してＩＬＳ信号を変換するＤＧＰＳシステムの開発など、一段階上のＤＧＰＳ機能の研究などが進むものと予測され、21世紀後半には、ＲＮＡＶの最終進入経路上において水平方向で１㎝、垂直方向で２㎝の精密な位置標定が可能になると考えられます。

現在、旅客機が就航している世界中の空港の３割にはＩＬＳが設置されていません。残りの７

割の空港のうちでも、その3割は滑走路の片側の進入方向にしかＩＬＳは設定されていません。

これらの空港にも、今世紀後半には衛星を利用した精密進入方式が設定され、雲や霧などで雲高や視程が悪いときでも、運航を中止しないで安全運航が可能になるでしょう。


ＡＴＭの対策の中でも、旅客機を安全かつ効率的に運航させるために容易でないものがあります。

それは自然環境の変化に対する対策と、パイロットと管制官の自己管理の課題です。

自然は人知を超えて変化をし、あるときは旅客機の安全を脅かすような猛威をふるいます。また旅客機が安全かつ効率的に運航できるかは、これを操縦するパイロットとパイロットに指示を出す管制官の判断にかかっています。

次章以下ではこれらの分野における課題を明らかにして、その対策について考えてみたいと思います。

第6章

「未来の航空」に向けての自然環境対策

技術の進歩と依然として危険な気象現象

飛行の安全に最も影響するのが、自然環境です。われわれが空を飛ぶようになってから100年あまりの歴史の中で、前半は、航空事故のほとんどが悪天候に見舞われて起こったものです。その後、航空機の機体・航法機器の改善と気象対策が進み、徐々に大気現象の変化に強い航空機が就航しました。

気象衛星が打ち上げられてからは、大陸間を横断する航空機に欠かせない洋上の気象の解析と予報精度が進み、現在では、計器飛行方式（IFR：Instrument Flight Rule）の航空機事故は、天候以外の理由によるものが増えつつあります。

航空機の飛行に対する悪天候などの予測と回避の努力は、最近の半世紀の間に着実に実を結び、世界中を飛ぶフライトの安全性は大きく改善されています。

しかし、地球の一部地域では、依然として急激な天候悪下を予測できず、ときとして乗員・乗客のけがや墜落という最悪の事態を招いていることも事実です。

2013年10月のラオス国営航空301便（ATR72-600）の墜落事故、2014年7月のトランスアジア航空222便（ATR72）の墜落事故は、世界の人々に急激な天候悪下の悲惨さを教えてくれました。

旅客機がしばしば遭遇する危険な気象現象は、突然の積乱雲の発生による気流の乱れとゲリラ豪雨による視界不良、ダウンバースト（強い下降気流）や竜巻の発生などの異常気象です。

加えて夏場の記録的な高温や突風などの近年頻発する極端な天気について、気象機関の共通した見方は、地球の温暖化が深くかかわっていると分析しています。

国連の「気候変動に関する政府間パネル（IPCC）」は、なにも対策しない場合、今世紀の気温は20世紀に比べ最大で4・8℃上昇するとしています。

異常な気象現象は、飛行する航空機にとって大変危険です。

ここでは、これらの天候のもととなる突然発生する積乱雲の予測と、洋上飛行に最も影響する偏西風の変化とその予測について、焦点を当ててみたいと思います。

突然発生する積乱雲の予測

積乱雲は、航空機の飛行に危険な、強い上昇気流、着氷、豪雨、雹、落雷、突風、ダウンバーストなどをもたらします。

航空機が離陸、巡航、着陸においてこれらの気象現象に遭遇すると、いずれも危険な状態になるので、航空機は通常回避します。

なかでも注意を要するのが、予測していないところに急激に発達する積乱雲です。日本は2015年に、この危険なゲリラ積乱雲を発見するのに強力な武器を開発しました。それが気象衛星の「ひまわり8号」です。

ひまわり8号は、多数のバンド（周波数）と新しく開発したコンピューターソフトのアルゴリズムを活用して、高分解能「雲」情報を提供します。

観測値を提供する範囲は、北緯52・01度～南緯0・01度と東経113・99度～東経180・01度の、日本を含む北半球の4分の1ほどの広い範囲にわたっていて、高分解能の雲情報は1時間ごとに作成され、1日24回提供されます。

情報の内容は、雲の有無、霧の有無、雪氷の有無、雲型、雲頂高度（100mごと）などです。

雲型は、晴天域、積乱雲、上層雲、中層雲、積雲、層積雲、層雲、霧、曇天域を判別して提供します。

これで日本の国土とその周辺の上空や太平洋上空に発生する積乱雲と積乱雲に至る雲の兆候を見つけ、航空機に早期に伝えることができるようになりました。

　また、ＪＡＸＡは航空機から電波ではなくてレーザー光を放射して、大気中に浮遊する微細な水滴や塵からの散乱光を受信することにより、レーダーでも見つけにくい晴天乱気流を早期に発見する装置を開発中です。

　これができると、旅客機が偏西風の中でしばしば遭遇する、雲のないところで巻き込まれる乱気流を回避することができます。

　一方空港では、もう少し早く詳しい雲の状況や積乱雲発生の兆候をつかむ必要があります。

　そこで活躍するのがフェーズドアレイ「気象レーダー」です。

　この気象レーダーは空港に設置されて、「ひまわり８号」が提供する雲や積乱雲情報に基づいて、これをさらに詳細に観測して、急速に発達する積乱雲の情報を提供しようとするものです。

　フェーズドアレイ・レーダーは、固定した板状のアンテナで電子走査するもので、海上自衛隊のイージス艦に搭載されているのを見かけます。

　従来のパラボラアンテナは、電波を発射した狭い方向しか観測できず、雲や雨粒の発生段階からとらえることは困難でした。

　大気は、状態が不安定になるとともに上空３～10㎞付近で雲が発生し、内部に雨粒の塊が大量にたまり、徐々に下がって降り注ぐ豪雨になります。

積乱雲ができ始めてから豪雨が地上に降るまでにおおむね10分程度と言われています。

これを雲や雨粒の生まれた段階から捕捉することによって、積乱雲の発生場所と発生時刻を予測できます。

ゲリラ的に突然発生する積乱雲を早期に探知することは長い間の悲願でした。ようやく地方の空港でも実現しようとしています。これが広く普及すれば、ゲリラ的悪天候の発見と回避は、もっと早く確実になり、天候の急変による離着陸時の旅客機の事故はさらに減るでしょう。

羽田などの国際空港には、同じ原理の気象レーダーで、ダウンバーストを発見する専門のレーダーが置かれていて、早期発見により航空機の上空待機やダイバート（他空港への着陸）に貢献しています。

さらに現在開発されているのが、機上ウインド・シア（風の方向や速度の急激な変化）警報装置です。機上に装備したドップラーレーダーで前方のウインド・シアを予測し、突入する前に音声とディスプレイでパイロットに警報を発し、回避操作を促します。

乱気流の早期発見

旅客機がいまでもたびたび遭遇する気象現象に、ジェットストリームと呼ばれる偏西風の中を飛行するときに遭遇する強い乱気流があります。

ときには天候は晴れているのに、突然強い乱気流（晴天乱気流）に巻き込まれて、乗客・乗員が機内で天井や床にたたきつけられて、大きなけがをすることがあります。

大気の地球規模の大循環によってもたらされる偏西風の軸は、春から夏にかけて北緯30度付近から45度付近まで風速が弱まりながら北上し、秋から冬にかけて強まりながら南下します。

日本の気象庁が、観測データや温暖化予測データから2013年に推測した将来気候（２０８１～２０９８年）の予測によると、偏西風は夏に南で強い風が南に偏って流れ、冬は北で強い風が北に偏って流れると推定されています。

その要因として、熱帯の成層圏の安定化と海洋大陸の上昇流の弱化に、惑星波の振幅の低下が加わって、夏にチベット高気圧が弱化し、冬は日本付近での熱帯起源の気圧の谷の振幅が低下するためとしています。

このことからわかるように、偏西風は現在でも蛇行の範囲が大きくなる傾向がありますが、これからさらに大きく蛇行し、その頂点で強い風が吹くようになります。

旅客機が、日本から太平洋を横断して飛行する先は、カナダ、米国、オーストラリア、東南アジアなど、北から南まで広範囲にわたっているので、ジェットストリームの中に発生する乱気流に巻き込まれる危険性は解消しません。

気象衛星ひまわり8・9号は、これからもアルゴリズムが時間をかけて徐々に改良されて、ジェットストリームの中の積乱雲や乱気流の早期発見に寄与するものと考えられます。

また旅客機に搭載している機上レーダーも赤外線レーザーを使ったレーダーに改良されて、微細な粒子を補足し、大気の変化の兆候を早期発見できるようになります。

期待される「ひまわり8・9号」の活躍

現在日本の気象庁が運用している最新の気象衛星は「ひまわり8号」(2015年7月7日運用開始)です。まもなく2016年には「ひまわり9号」が打ち上げられます。

これによって将来的には、30秒間隔で雲が測定され、得られた情報は日本だけでなく、東アジアや太平洋地域の他国にも提供されます。

8・9号の寿命は現在の10年から15年に延び、解像度・観測頻度・情報送受チャンネル数が増加し、得られるデータ量は現在の50倍以上になります。

これらのデータと米国の次世代気象衛星（GOES-Rシリーズ）から得られるデータを利用して、太平洋・東南アジアを飛行する航空機はよりきめの細かい雲・風・気温などの情報を得ることができます。

地震・津波・火山噴火の周知策

地震・津波・火山噴火は、いずれも発生時刻を特定して人間が予知するには限界があり、現在の科学の力では有効な手段がないといっていいでしょう。

地震や津波は飛行中の航空機に、空中待機か、他の飛行場へのダイバートを要求します。

火山噴火は、風の向きと高度によって飛行中の航空機に迂回を要求します。

噴火による火山灰の浮遊粒子は、ヨーロッパの航空機がアイスランドの火山噴火で2週間にわたって飛行制限を強いられたように、航空機のエンジン内部に付着して、出力低下などの危険な状態をもたらします。

しかし地震・津波・火山噴火のいずれも、発生場所、発生時刻を正確に予知できる国はありません。

だからといって国や航空会社がなにもしないで手をこまねいているわけではありません。大切なのは、発生してからどれだけ迅速に地上を移動中の航空機や飛行中の航空機にその状況を正確に伝えられるかです。

地震・津波・火山噴火の情報は、気象機関から航空管制機関に伝えられ、交信中の航空機に伝えられますが、航空会社も独自の情報入手経路と在空機への伝達手段をもっています。

また航空機の乗員や乗客は、Wi-Fiで民間気象会社が提供する最新情報を入手することもできます。

気象情報に限らず、民間の危機管理サービス会社は、客のニーズに応じて、レスキューナウ危機管理情報センター（RIC24）から必要な情報のみを抽出し、Web画面で提供します。

しかしこの体制が、格安航空会社（LCC）や地方空港に整備されているかといえば、そうではありません。

これからの半世紀間には、どんなに辺ぴな田舎の小規模な地方空港でも、地震・津波・火山噴火の時機を得た情報が、正確・迅速に送られて、回避時間の余裕を得るように整備されていくでしょう。

日本の気象庁に期待されていること

国際連合の専門機関のひとつである世界気象機関（WMO：World Meteorological Organization）は、台風、洪水、地震などによる気象災害を防止するため、全世界的な観測・通信網や気象解析・予報センターのネットワークを構築しています。

日本の気象庁は、東アジア地域の中枢的気象機関として、維持・運営に積極的に協力しています。気象庁は、高品質な地上・高層気象観測に加えて、気象衛星ひまわり８号による西太平洋域の観測を担っています。

また気象庁はＷＭＯから「地区特別気象センター（ＲＳＭＣ）」に指定され、スーパーコンピューターで作成した解析・予報データや、北太平洋域の熱帯低気圧に関する監視・予報情報の提供を行っています。

これらの情報は、津波警報や気象情報の国際的交換など気象業務の基盤として幅広く活用されている全世界的な気象通信網、「全球通信システム（ＧＴＳ）」を通じて交換され、世界の気象災害の防止・軽減に広く活用されています。

気象庁の航空気象に関する業務を見ると、ＩＣＡＯから太平洋西部とアジアの一部を担当領域とする「航空路火山灰情報センター」および「熱帯低気圧アドバイザリーセンター」に指定され、航空機の運航の妨げとなる大気中の火山灰や熱帯低気圧に関する情報を作成し、国内外の関係機関に提供しています。

またアジア太平洋地域における異常気象・異常天候の被害軽減などに貢献するため、「アジア太平洋気候センター」を設置し、各国への気象情報を提供しています。

地球温暖化やオゾン層破壊の環境問題に対しては、気象庁はWMOから「温室効果ガス世界資料センター」および「品質保証科学センター」に指定され、温室効果ガス、オゾンなどの大気成分の観測データを地球規模で収集・品質管理・提供しています。

とくに地球温暖化問題に関して気象庁は、「気候変動に関する政府間パネル（IPCC）」が取りまとめた「評価報告書」の主筆者としての参加や気象モデルによる温暖化予報結果の提供を通じて貢献しています。

21世紀の後半の時期に、日本の気象庁に求められるのが北極圏の気象観測と予報です。

北極圏の気象現況と予報は、日本や北米などからヨーロッパ方面へ飛行する北極圏まわりの超音速機と極超音速機の航行の安全を確保するために欠くことのできない情報です。

2016年現在、北極圏の上空については世界の気象機関が必ずしも恒常的な観測と予報をしていないので、気象庁は北極圏まわりの飛行試験が始まる2035年頃までにWMOと協力して北極圏の気象情報の収集体制を整えることが期待されます。

次世代の気象情報予測への取り組み

局地的に航空機の運航に大きな危険をもたらす積乱雲や乱気流などは、数十kmの空間規模の「メソ気象現象」によってもたらされます。

メソ気象現象の予報のために、気象庁はメソ数値予報モデルを開発し、運用しています。このモデルでは、大気の三次元運動の中でその鉛直運動を直接明らかにする方程式を用いるともに、雨・雪・あられなどの発生域や落下などの雲内部の物理現象を精密に計算しています。

高性能スーパーコンピューターで水平解像度を5kmとそれまでの2倍に向上させています。また1日の予報回数を4回から8回に増し、次々と通報される観測結果を活用した予報資料を提供しつつあります。

気象庁では、地点観測、高層観測、洋上観測、気象レーダー、ひまわり8・9号などを利用して、メソ数値予報モデル高解像度化（数百m）とそれにともなう雲内部の物理現象などの精密化、さらにドップラーレーダーで得られる最新データを取り込んで、高精密かつ詳細な気候変化を解析・短時間に予測・通報する技術に取り組んでいます。

これが実現すると、日本の国土とその周辺を移動する前線のより正確な予測と、気流の移動を量的に把握できる精度が高まり、発生する積乱雲などの早期発見が可能となるでしょう。そして航空機の進路に発生している晴天乱気流、積乱雲の兆候や強風の発生などの精密な予報の早期提供が可能になると期待されます。


地球温暖化が進行しても、気温が単調に上昇し続けるわけではありません、また、どの地域でも一様に気温が高くなるわけではありません。

気象庁は、1891年以降、地上気温データと海水温データを用いて、世界の気温の長期的変動を監視しています。

2014年には、世界の年平均気温偏差（1981～2010年の30年間の平均値との差）がプラス0・27℃で、統計を開始した1891年以降最も高い値となったことを世界に発表しました。

今後も地上気温や海水温の監視とともに、世界的に進んでいる海洋の酸性化による地球温暖化の可能性などについても監視を継続することが期待されています。

気象庁の気象研究所では、「温暖化による日本付近の詳細な気候変化予測」の研究に継続して取り組んでいて、４㎞（従来は20㎞）の水平解像度をもつ新しい地域気候モデルを開発するとともに、大気、海洋結合モデルに、オゾン、エアロゾル、炭素や窒素循環の動きなどを取り入れた「地球システムモデル」の開発にも成果をあげています。これにより、より高精度かつ詳細な気候変化予測の実現を目指しています。

電波障害の対策

次世代航空機は電子機器の塊なので、自然の電波環境が航空機に与える影響には細心の注意が必要です。

衛星から発信される信号を利用して自機の位置測定をしながら飛行するエリアナビゲーション（ＲＮＡＶ）では、信号が電離層を通過するときに遅延を生じ、位置の誤差を生じます。

また飛行する旅客機には、フライ・バイ・ワイヤ（電気信号による操作）の電子システム、フライトデータの集約・表示のための電子システム、航法の電子システムなど機体内で完結する電子機器の他に、管制機関や航空会社との通信に必要な電波と電子デバイス、衛星を利用して自機の位置を知るための電波と電子デバイスがあります。

これらの電波や電子デバイスは電離層と呼ばれる上空電離圏の影響を受けます。未来の航空においてはますます電離層の影響を無視することはできないので、ここで電離層のメカニズムとその影響を理解しておきましょう。

地上から電波を上方に向けて発射すると、電離層からの反射波を航空機や地上で受信することができます。

このとき発射波は電離層の影響を受けて反射波となり、反射波は航空機内の電波・電子システムや電子機器に影響を及ぼします。影響の程度は、反射波の周波数や強さによって異なります。また衛星から地上や航空機へ下方に向けて発射した電波は、電離層を通過するときに影響を受け、透過波は遅延を生じます。

遅延を生じた透過波は、周波数と強さによって航空機の電波・電子システムへの影響の度合が異なります。

電離層は、D（分布高度60～90㎞）、E（90～130㎞）、Es（95～130㎞）、F1（130～210㎞）、F2またはF（210～1000㎞）の5つの層からなります。

D層は超長波（VLF）の帯電波の反射層であり、中波（MF）と短波（HF）の吸収層でもあります。

E層はMFとHFの帯電波の中間の反射層となります。

Es層は超短波（VHF）の帯電波の反射層となり、VHFの見通し外の異常伝搬によるテレビ表示の混信の原因となります。

F1層はMFとHFの帯電波の反射層となります。

またD層では、＋イオン、－イオンと電子が混在しており、電離と化学反応による生成・消滅を繰り返しています。

E層では、＋イオンと電子が存在し、生成・消滅を繰り返しています。

Es層はE層と同じですが、生成・消滅に加えて＋イオンと電子の運動による集積・発散が顕著です。

F1層は＋イオンだけが存在し、＋イオンと電子の電離と化学反応による生成・消滅を繰り返しています。

F2層は＋イオンと電子の生成・消滅に加えて、＋イオンと電子の重力拡散運動による集積・発散が顕著です。

電離層は太陽活動に大きく影響され、太陽活動極大期と極小期では、D、E、Es、F1、F2層の電子とイオンの密度が変化します。また突発的に変化することもあります。

電離層の生成・消滅が活発になると、地上や衛星からの発射波の電離層で受ける影響は大きくなり、透過波の遅延も大きくなります。

一般に、太陽活動の極大期にE層とF1・F2層の電子とイオンの生成・消滅が活発になることは観測されていますが、その密度の変化は一様ではありません。

このため電離層の変化を短期的につかめても、中・長期的に予測することは困難です。

航空交通管理（ATM）では、パイロットと管制官の無線電話やパイロット～管制官のデータリンクの通信にVHFと長波（LF）を使用しているので、E、Es、F1層の影響を強く受けます。

また21世紀に入って、GPS衛星の発する1000～2000㎒の信号を航空機の航行に利用する度合が高まりましたが、この周波数帯の信号の電波は、D、E、Es、F1、F2層の＋イオンと電子の影響を強く受けます。

しかし電離層の変化から受ける影響を未来にわたって予測することはほぼ困難といわれています。

このため、これからも飛行のたびに電波の遅延を測定して補正しなければなりません。

現在日・米・欧の研究機関は、電離層の影響を受けにくい電波と電波の利用システムの研究・開発に力を入れていますが、今世紀の中頃までにはその成果が期待されています。

第7章

「未来の航空」に向けてパイロットに期待されること

未来においても操縦の主導はパイロット

Ｂ７４７－４００以降の航空機は、飛行管理システム（ＦＭＳ）の完成により自動運転、自動操縦、自動航法などの性能が格段に向上しました。

２０３５年に向かって開発される未来機は、さらに人工知能をもったロボットによる代行が進み、パイロットは監視に専念すると想定されます。

しかし依然として航空交通の方式や基準を守るのは健康なパイロットの頭脳であり、ハイテク航空機のＦＭＳを動かして自動操縦や自動航法をするロボットに命令するのもパイロットです。また不意の侵入者を阻止し、厳しいメンタル管理に打ち勝って病気発症のパイロットに代わって正常な運航を続けるのもパイロットです。

この項では、これらの起こり得る事態を想定して、その対策を考えてみることにします。

パイロットの緊急事態に対する対策

多くの乗客の命を預かるパイロットに緊急事態が起こるケースとして考えられるのが、機体の異常、テロ行為、ハイジャック、パイロットの心身異常などです。

現在から未来にかけてパイロットが操縦する航空機は、すべて人間の英知が詰まったハイテク機です。

飛行している航空機がいまなにをしているかを正しく理解するだけでも、人間の限界に迫る知識と理解力を必要とします。

ましてや緊急事態になにが起こったかを理解するには、全知全能を傾けられる日頃の研鑽の成果がそのまま発揮されなければなりません。

そのためには心身が健康で、平常心をもって事態に取り組めることが肝要です。

飛行中のパイロットの心身異常を防ぐ対策ついては、国際民間航空機関（ＩＣＡＯ）の第1附属書「航空従事者の免許」の国際標準と勧告に基づいて各国の法律で航空身体検査の基準を定めています。


日本の法定の身体検査項目は世界一厳しいといわれ、ひとつでも不合格になれば乗務できない仕組みになっています。身体検査は国が認定した医師が内科、循環器科、外科、眼科、精神神経科、耳鼻咽喉科の各項目を詳細にチェックします。

この検査項目では各国にばらつきがあり、外国人パイロットで日本の航空会社を希望しても、検査基準をクリアできないケースもあります。

２０１５年3月に起きたドイツ旅客機の墜落事故の原因は、最後の数分まで意識が鮮明だった副操縦士の「故意」と決定されました。

副操縦士はパイロット免許を取得する前に重い精神の病で自殺の危険性があると診断されていたのに、ドイツの法定の検査項目には精神的な病気に関する検査はありませんでした。各国はこの教訓に基づいて、検査項目を見直し、コクピットの乗務体制などの改善を行いました。

テロまたはハイジャック対策

しかしパイロットの緊急事態はこれだけではなく、突然テロに襲われたり、ハイジャック犯に襲撃されたりする事態も想定しなくてはいけません。

21世紀の最大の課題はテロをなくすことです。

テロもハイジャックも旅客機に搭乗している乗客や乗員を人質にし、または殺戮して犯人の目的を達しようとするもので、機上での非道な行動には変わりありません。

テロの特徴は、自爆テロに見られるように、搭乗者を道づれにして死をもって犯人グループの意思を示す点でハイジャックとは残忍さが違います。

２０１５年10月にエジプト北東部で起きた旅客機の墜落事故は、エジプトからロシアに向かう途中で、ＩＳ（イスラム国）メンバーによって自爆または爆破されたものだと伝えられています。

多くの国が自爆テロの教訓から学んでいるものは、犯人またはグループが搭乗する前に未然に防ぐ以外に有効な方法はないということです。


ＥＵではＩＳメンバーやその活動の情報を共有することを推進していますが、パイロットが心掛けねばならないのが、航空機が離陸滑走を始める寸前まで理由を言わないで「離陸を中止せよ」という指示が発せられることがある、また離陸後でも管制上の理由で飛行場に引き返せという指示が発せられることがある、ということです。

この場合は、着陸後の駐機場もいつもと違う場所を指示されることが通例だということも理解しておかなければなりません。

空中では無線電話による地上との通信手段は封じられてしまうので、いち早くトランスポンダー（自動応答機）のハイジャックコードをオンにすることが求められます。

このような事態に対して有力な対応策として注目を集めているのが、自動操縦で最寄りの空港に着陸させるという方法です。

最新の旅客機は、離陸してから着陸するまで自動操縦で完全飛行をすることができます。また小型機、ヘリ、無人機などを遠隔操作する技術も急速に進歩しています。

そこでパイロットになんらかの緊急事態が発生したことを察知したときには、コクピットに飛行プランを送信して、地上から旅客機を操縦し、安全に空港に着陸させるという新たなシステムの導入が航空先進国で検討されています。

しかし自動操縦システムに切り替えたことがわかると、テロやハイジャック犯が乗客に対する暴力をエスカレートさせるおそれもあり、また自動操縦システムに対するサイバー攻撃にも備えなければなりません。

旅客機の自動操縦は技術的には可能であっても、これらの不測の事態を考慮すると実現できるのは、今世紀後半か末期といわれています。

仮に犯人が機体内で自爆したとしても、簡単に機体が破壊されない丈夫なＣＦＲＰの改良素材を採用することも研究され、試験されています。

テロの対策には公式はないので、日頃から機体の特徴に応じて、パイロットとアテンダントの協同のグループ討議と研究が欠かせません。

パイロットの飛行方式・基準の遵守と改善点

方式や基準には、パイロットと管制官の交信時の復唱の仕方に関することから、パイロットが守るべき飛行方式に至るまで、多くのことがあります。しかしそのほとんどは守られていて、事故にまで発展することはありません。

ここでは事故の数は減っていますが、年間を通して見るといまなお発生している事例について、その危険性と対策を考えてみましょう。

ランディングミニマに対するカンパニーミニマの危険性

航空機が安全に航行するためには、最初にパイロットが交通ルールを守ることが要求されます。この交通ルールには、国際民間航空機関（ICAO）や加盟している国が決めた飛行方式や飛行基準があります。

この飛行方式の中に、最後に滑走路に向かって直線的に進入降下し、滑走路に接地するまでの方式を説明した「最終進入方式」と呼ばれる飛行の仕方があります。

装置の性能が向上してもなかなか絶滅できないのが、この方式にかかわる着陸時の事故です。

そこで、最近起きた広島空港の事故を例にその原因と絶滅の可能性について考えてみましょう。

図7-1　ビスタRNAVアライバル（広島空港）

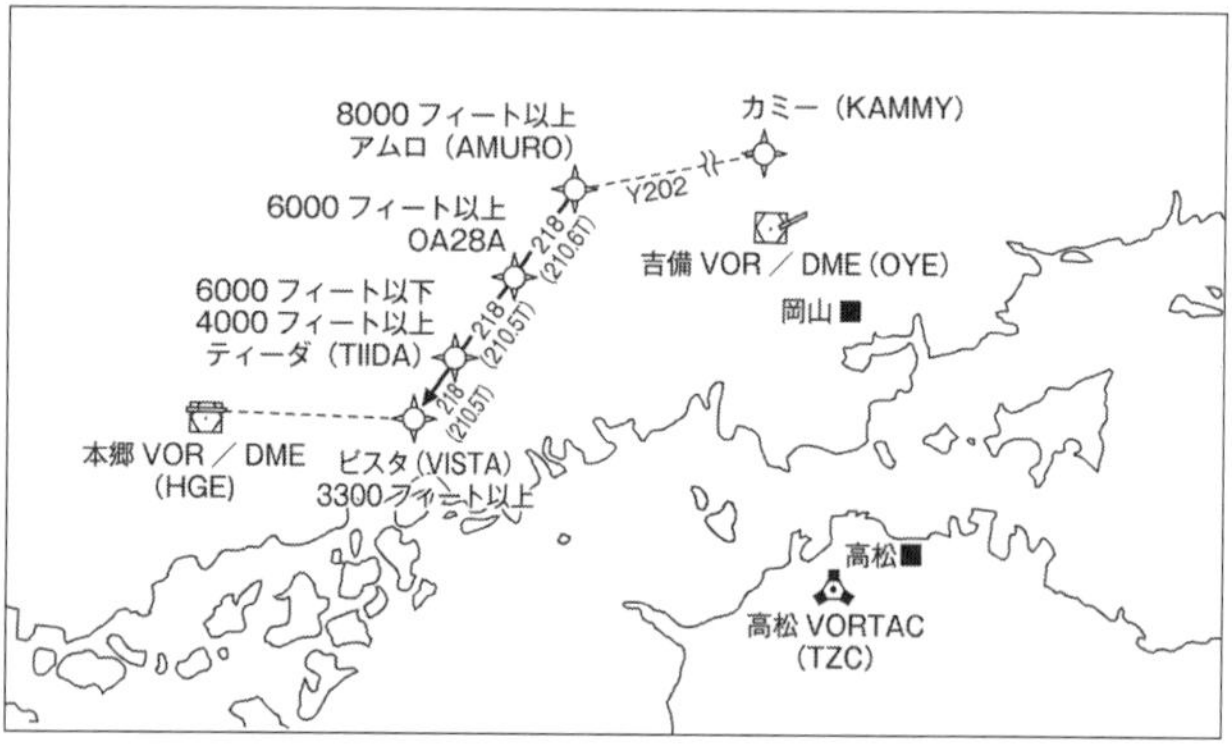

２０１５年４月14日20時05分に、広島空港で起きた事故の概要は次のとおりです。

韓国の仁川国際空港発広島空港行きのアシアナ航空１６２便（Ａ３２０－２３２型）は、滑走路28へ東側からＲＮＡＶ標準到着経路方式ＳＴＡＲのビスタＲＮＡＶアライバル（図７－１の矢印で示した経路）で進入し、続いてRNAV（GNSS）RWY28の最終進入方式（図７－２）で着陸しました。

このとき標準より低い高度で滑走路に接近し、滑走路手前３２５ｍの滑走路10用のローカライザーアンテナ（高さ６・４ｍ）に接触し、着陸後滑走路の南側に逸脱して芝生エリアに停止しました。

図7-2 RNAV(GNSS)RWY28（広島空港）

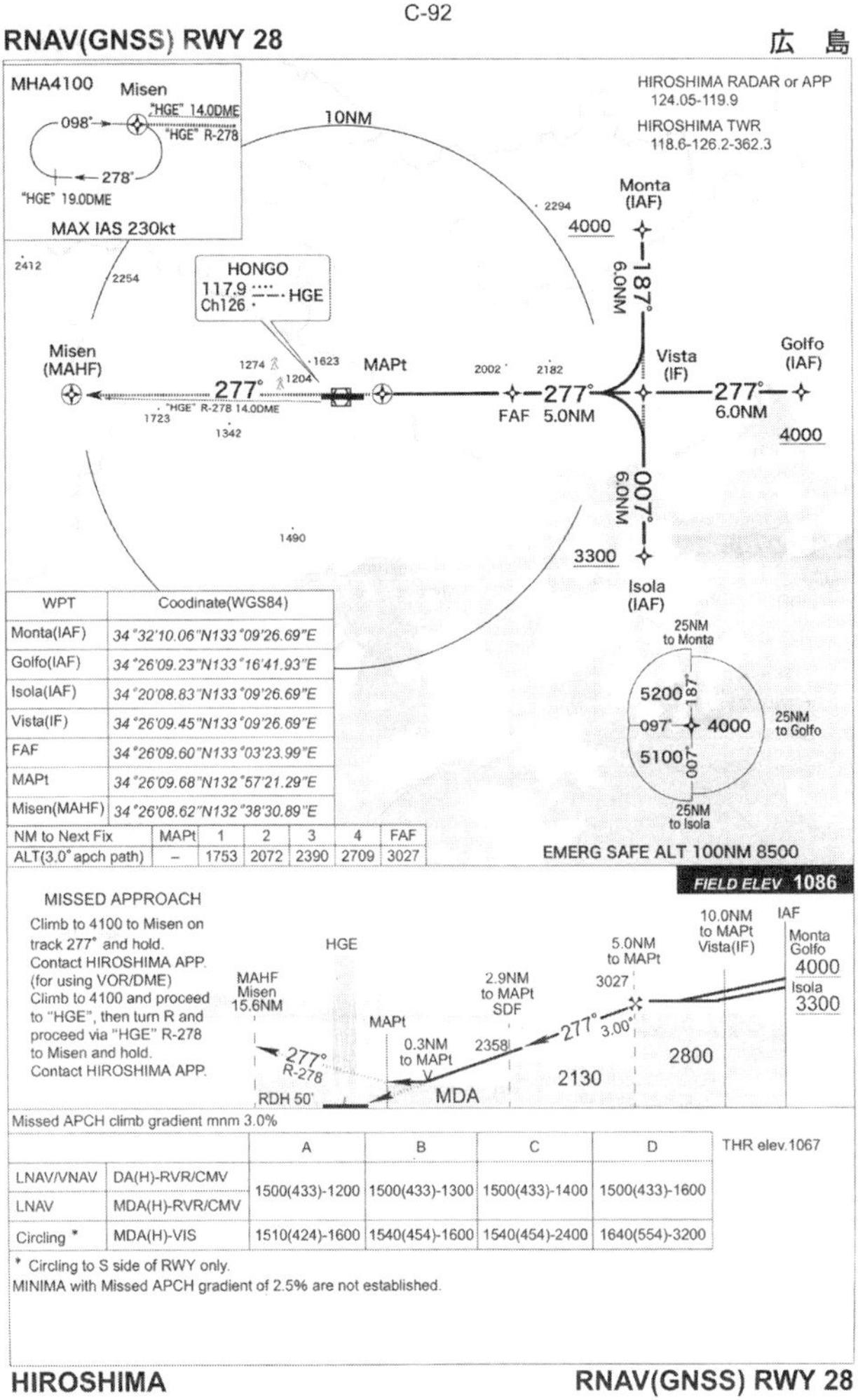

進入復行（ミスドアプローチ）とランディングミニマ

図7－3は航空機が滑走路に向かって進入降下する2つの経路と進入復行（ミスドアプローチと呼んでいます）点を示したものです。

図7－3aは衛星を利用して進入する場合の降下経路を示したもので、航空機は進入限界高度（MDA：Minimum Descent Altitude）まで降りてきても、滑走路が見えない場合は水平飛行に移り、MDAの高度を維持して無線標識の直上に達したら、その点（進入復行点）から上昇して進入のやり直し（進入復行といいます）をしなければなりません。

また図7－3bはILSのような精密進入をする場合の降下経路を示したもので、航空機は決心高度（DA：Decision Altitude）まで降下して滑走路が見えなかったら、速やかに上昇して進入復行をしなければなりません。

図7-3　進入復行（ミスドアプローチ）点

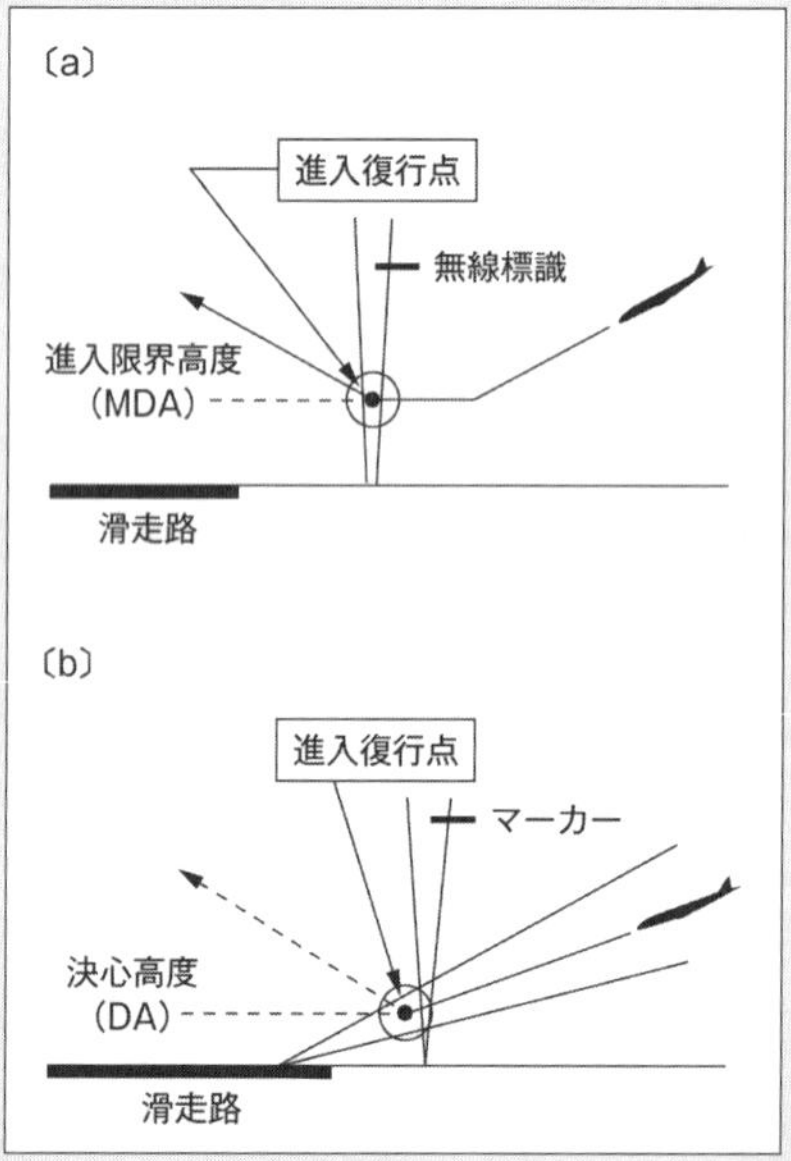

この進入復行点で滑走路が見える距離

を視程といい、そのときの高度（ＭＤＡまたはＤＡ）と合わせて、「ランディングミニマ（視程と高度）」といいます。

視程には、計測機で測った滑走路視距離（RVR：Runway Visual Range）と、目視で測った地上視程とがあります。

通常ＩＬＳのような精密進入にはＲＶＲが採用されます。

国土交通省航空局や米国の連邦航空局（ＦＡＡ）といった航空の政府機関は、飛行場に設定されている衛星利用の進入方式やＩＬＳ進入方式を立面図と平面図に描いて、飛行場ごとに索引を付けて、パイロットが携行しやすい小冊子にまとめて発行しています。この進入方式図の下欄には必ずランディングミニマが記されています。


衛星を利用して滑走路の延長線上の10マイル地点から接地点まで徐々に降下しながら着陸に近づく最終進入方式のGNSS RWY28のランディングミニマは、進入限界高度が１５００フィート（４５７ｍ）、滑走路視距離が１６００ｍです。

これは2つの意味をもっています。

その意味のひとつは、パイロットが操縦する航空機が平均海面から１５００フィート（４３３

m）、滑走路の接地面から433フィートの高度まで降下しても、滑走路を見つけることができなかったら、直ちに水平飛行に移り、進入復行点まで進んでもまだ見つからなかったら直ちに進入復行（進入やり直しの意味、ミスドアプローチ）を開始することです。

これを進入限界高度といいますが、進入方式の根拠とする航法援助装置の精度、パイロットが滑走路を視認してからの操作と機体の運動開始までの遅れの時間、高度計の誤差などを考慮して、地表と航空機の最接近の距離（クリアランスと呼んでいます）を決めたものです。

もうひとつは滑走路脇に設置した視程計で滑走路の先がどこまで見えるかを測ったところ1600m以上あると気象機関が公表していれば、この進入方式を行ってもよいという意味です。

当日、この時間の気象実況はこれ以上の値を示したので、パイロットは広島空港の滑走路南脇に設置された本郷VOR／DMEから7・5マイルの地点を3300フィートで通過し、そこから衛星を利用した進入方式に沿って降下を開始し、ほぼ約半分の高度を降下した滑走路から2マイルを過ぎたあたりで滑走路を視認したと思われます。

このときの航空機の高度も1500フィート以上ですから、そこから滑走路28の進入端を視認しながら1500フィートよりも下がって降下を続けたと思われます。

方式はパイロットが滑走路を見つければ、接地まで高度を下げてよいことになっています。

パイロットはこのGNSS RWY28という名前の付いた方式のランディングミニマを守って進入をしていたわけです。

ところがこの日は西から寒冷前線が近づいていて「雷と突風と降雹」の気象予報が出されており、ちょうどこのとき南から雨混じりの風が吹いてきてパイロットは一時滑走路を見失いました。

航空管制機関が航空路誌で公示している進入方式は、パイロットが滑走路を視認し続けることができなくなったら、その時点で速やかに上昇をして進入のやり直しをすることを前提に設定されています。

パイロットは一瞬でも滑走路28を見失ったなら、直ちにミスドアプローチのために上昇操作をしなければならないのです。

まだ調査中なので、実際の状況はわかりませんが、進入復行の操作開始時期が事故調査の焦点になっているようです。

実際には、航空管制が決めたランディングミニマのほかに、カンパニーミニマという規制値を決めている航空会社もあります。

パイロットの経験時間と技量に応じて、管制機関が公に決めたミニマよりも低い値までトライ（実行）することがあります。

これをどこまで厳しくするかは、航空会社の自主判断に任されており、航空会社によって多少の差異があります。

カンパニーミニマを設定することの是非については意見が分かれていますが、いずれにせよ公に設定されている方式をどれだけ安全と考えるかが、今後も問われる問題です。

安全であれば、着陸をして経済性と効率性を確保するという、企業目標に沿ったものであり、今後ともどうやって安全を見極めるかが航空関係者の課題です。

方式手順の遵守

21世紀に入り、衛星の信号を利用して着陸のための進入を行うようになって、ＩＬＳやＰＡＲ（レーダー誘導による精密進入）進入だけでなく、最終進入の手順が多様化してきました。この傾向は２０２０年代に入っても続くと予想されます。

日本の地方空港には、崖や海の上などでＩＬＳ施設が設定できない広島空港や函館空港などのように、ＲＮＡＶ（ＧＮＳＳ）進入方式だけが設定されているところがあります。

この方式は、水平方向の経由点を衛星から得られる緯度経度を使って進入し、高度は高度計を使って降下する方式です。

ほとんどの中・小型旅客機は高度を手動で操作するようになっているので、パイロットのどちらかが降下の操作をし、もう一人が高度計を監視していて復唱をし、注意を喚起しなければなりません。

この方式は、完全に衛星信号を使って自動的に水平移動も降下も行うＲＰＶやＩＬＳの自動進入方式とは異なるので、クルーで連携プレーに習熟しておく必要があります。

方式の多様化に対応

衛星の利用、ＩＬＳや飛行場灯火の性能向上などにともない、飛行方式も多様化しています。これに呼応して航空機の自動航法能力も向上し、パイロットの手を介さない飛行態様が拡大しています。

一方で、効率性重視と騒音対策などから、ＩＬＳの水平偏差を知らせる専用ローカライザーを使って目視飛行で着陸進入を行うビジュアル進入方式を設定して、着陸の効率を上げる空港も増えています。

理由は進入経路が短く済み、沢山の着陸機に対して効率的な流れをつくることができるからです。

ビジュアル進入とは、レーダーで監視することを前提に、ＩＬＳのローカライザーだけを利用し、高度は高度計が表示する高度を利用して滑走路へ向けて降下進入する方式です。

この方式は地標を経由点とし、目視で確認する方式なので、年間を通して比較的晴れの日が多い空港に設定されています。

また目視で物標の直上を通ることができるので市街地を避けるには適した方式です。

東京都心に近く騒音対策が最も厳しい東京国際空港は、幸いに有視界気象状態の日が多いので、この方式を採用しています。

しかしこの方式は、空港によって周囲の環境が違うので、パイロットが目視に慣れていないと思わぬ事態を招くことがあります。

２０１３年７月６日にサンフランシスコ国際空港では、アシアナ航空Ｂ７７７－２００ＥＲがビジュアル進入中に着陸失敗し、炎上するという事故がありました。ビジュアル進入の環境の不慣れから、着陸３分前までは高度が高く、その後降下率を上げてつんのめる形で最終進入態勢に入り、滑走路目前で高度の下がり過ぎに気づいて機首を上げました。結果として機体が沈み、通常の接地点から数百フィート手前の護岸に接触したようです。操縦していたパイロットはＢ７７７の操縦経験が浅かったのも原因のひとつといわれています。

このように天候や無線標識の種類などによって、利用する飛行方式ごとに目視・計器方式や多様なランディングミニマが設定されているので、離陸前の慎重な準備が欠かせません。

最終進入方式における衛星利用の多様化

現在最も進んだ衛星利用の最終進入方式は、米国の地上型衛星航法補強システム（ＧＢＡＳ）を利用した水平・垂直方向精査進入（ＬＰＶ）と呼ばれる進入方式です。

図７－４に示したのが、サンフランシスコ国際空港の滑走路28に設定されている衛星を利用する最終進入方式「RNAV（GPS）PRM RWY 28L」です。

図をよく見ると、右下に表があります。その一番上の段に「ＬＰＶ ＤＡ＊」とあり、その横に「２１３／24　２００（２００－１／２）」と記してあります。

図7-4　RNAV (GPS) PRM RWY 28L（サンフランシスコ国際空港）

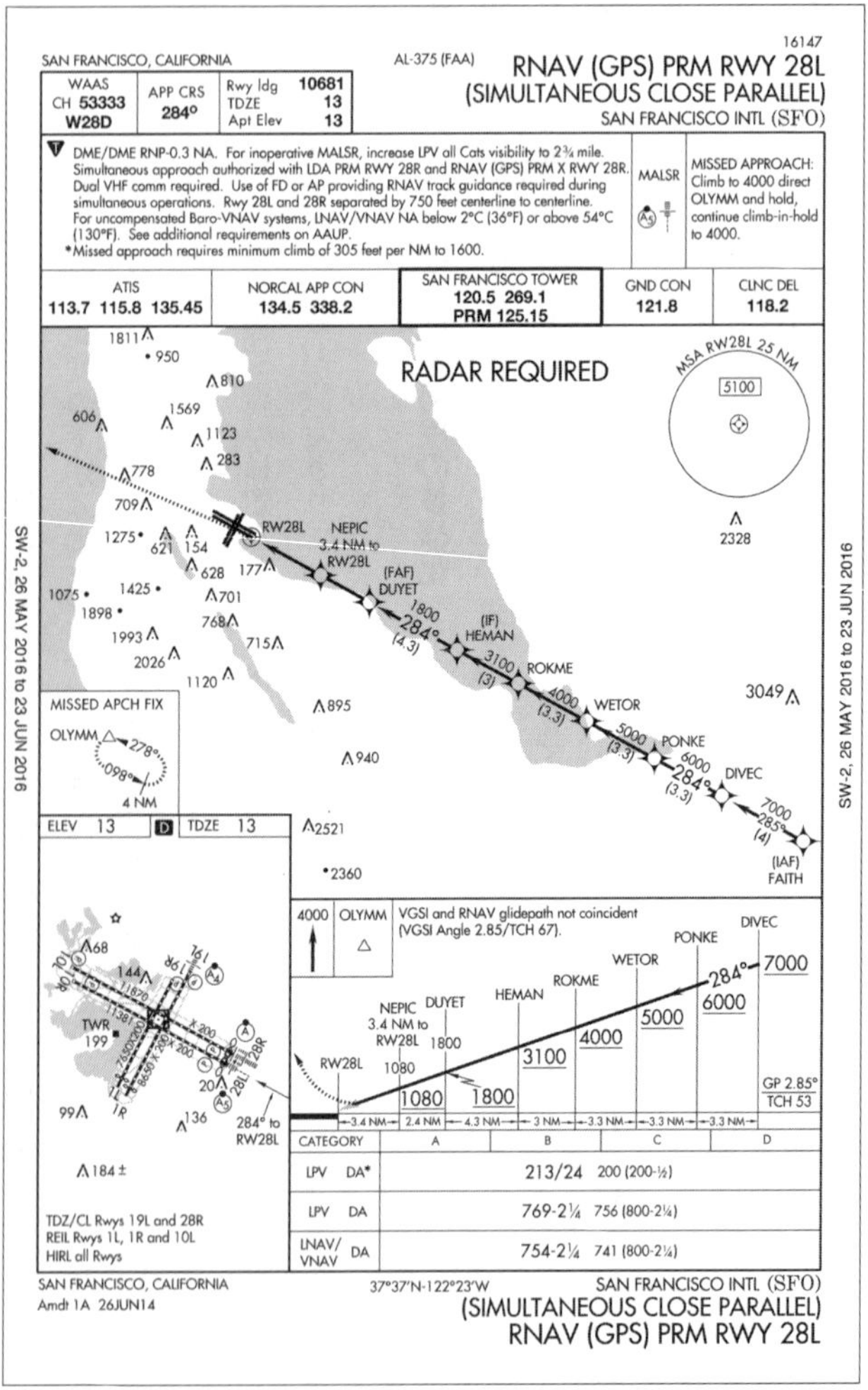

この意味は、地上の施設がGPSの信号を利用して最低ランクのILS（ILSカテゴリーI）に匹敵する水平と垂直の信号をつくり、航空機がこの信号に乗って自動的に滑走路の接地点に向けて降下進入ができるという意味です。

LPとは水平の精密信号を示し、V（LV）とは垂直の精密信号を示します。

DAとはDecision Altitudeの略で、日本語で決心高度と呼び、パイロットがこれ以上降下してはならない平均海面または地表からの高度を示すものです。言いかえれば、パイロットが滑走路を発見できないときは、ゴーアラウンド（進入復行）のために上昇しなければならない進入降下の限界の高度を示します。

213／24とは、決心高度が平均海面から213フィートを示し、そのときの視程計で測った滑走路に沿って見える距離（RVRと呼んでいます）が2400フィート（732m）を示します。

パイロットは上空にいるときに、もしRVRが2400フィート未満を示したら、滑走路視距離が2400フィート以上になるまで、上空で待機しなければなりません。

次に200（200‐1／2）と記してある意味を説明しましょう。

200とは決心高度が平均海面からでなくて地表から200フィートを意味します。

（２００－１／２）はもしＲＶＲが壊れていて、地上視程（人間の目でどこまで見えるかを測る）を使うときは、地表からの決心高度が２００フィート、地上視程が１／２哩（８０５ｍ）以上であることを示しています。

米国では衛星の信号を着陸に利用するために、さらに信号の精度を上げるＪＰＡＬＳという装置を開発しました。

ＪＰＡＬＳはＧＰＳからの信号をあらかじめ正確な位置（緯度経度）がわかっているアンテナで受信して、この値と既知の値とを比較して修正信号を作成します。

アンテナを１カ所だけでなく、飛行場の滑走路を挟んで４カ所以上設置して、それぞれ修正値をネットで結んで、滑走路延長線上の最終進入経路の修正値を推定し、ＲＮＰ０・１を実現したのがＪＰＡＬＳです。

再び**図７－４**の下段の表に戻ってみましょう。

「ＬＰＶ　ＤＡ＊」の＊印は、進入復行（ミスドアプローチ）の飛行方法（図の上段の注意説明参照）を示したもので、航空機がＲＮＰ０・１のＬＰＶ進入を実施して、決心高度の２１３フィートに達したらＯＬＹＭＭの地点に向かって、毎マイルあたり３０５フィートの上昇率で上昇し、１６００フィートに達したら、進入方位（Inbound）２７８度、進出方位（Outbound）０９８度で左旋回して空中待機をするように指示しています（図の水平面図の左図「MISSED APCH FIX」参照）。

「ＬＰＶ ＤＡ＊」の下に同じく「ＬＰＶ ＤＡ」とありますが、これはインマルサットのＲＮＰ０・３の信号を利用して進入する方式で、決心高度も平均海面から７６９フィートとＰＮＰ０・１と比べて３倍以上の高さになります。

また、滑走路を発見しなければならない視程も４・５倍の２・25哩以上なければなりません。

さらに下の段には、「ＬＮＡＶ／ＶＮＡＶ」と記してありますが、これはＢ７４７－４００などが採用している衛星の利用方式で、「ＬＰＶ ＤＡ」と同じく水平・垂直もＰＮＰ０・１を利用して進入する方式です。

しかしＪＰＡＬＳ信号を利用していないので、ＬＰＶよりも精度は劣ります。

「ＬＰＶ ＤＡ＊」によって水平・垂直方向を測れる精度は、決心高度２００フィートまで降下できるＩＬＳカテゴリーＩの精度に匹敵します。

このように例を挙げて説明するのは、米国のアトランタ、シカゴ、ロサンゼルス、ダラスフォートワース、デンバー、ニューヨーク、ヒューストン、サンフランシスコなどの交通量の多い空港では、ILSの他にILSよりもやや精度の劣る衛星を利用した2種類（GPSとLNAV／VNAV）の計器着陸進入方式が設定されていて、ILS進入の航空機とこれらの衛星進入の航空機が同時に平行進入を行っているからです。

ILS進入を行っているパイロットは、隣で平行衛星進入を行っている航空機が滑走路のセンターラインの延長線上から左右に0・1マイル＝185mずれて初期進入を開始することがあることを念頭に置いておかなければなりません。

これは一例に過ぎませんが、このように多様化した方式を理解し対応するには、飽くなき知識と技術の吸収意欲に期待するしかありません。

衛星利用の習熟度の向上

さていよいよ本題に入りますが、このLPVのRNAV進入方式は米国の国際、国内のハブ空港のほとんどで設定されており、ヨーロッパにも利用されつつあります。

日本も日本版GPSと言われ、米国GPS並みの信号が得られる準天頂衛星の7機体制が完成すれば、２０２０年以降、現在のＲＮＰ０・３のＲＮＡＶ（ＧＮＳＳ）進入方式に加えて、地方空港にまでＲＮＰ０・１に精度を高めたＬＰＶ進入方式が設定されると予想されます。

パイロットは衛星を利用して最終進入を開始する前に、自機の航法装置を考慮して、ＬＰＶなど、どの方式を採用できるかを判断しなければなりません。

また航空機には警報装置が付いていて、パイロットにＧＰＳ信号のうち最高精度の信号が使用可能かどうかを知らせてくれます。

また警報はＧＰＳの受信信号がＲＮＰ０・１の規格内に収まらなくなったときには、操縦席前方の集合ディスプレイに旗を上げて知らせてくれるので、これを見逃すことなく、ＲＮＰ０・１未満の進入方式（決心高度を上げる）に切り替えなければなりません。

パイロットは、これらの方式の違いをよく理解していて、機上のコンピューターの指示どおりに実行しなければなりません。

また「ＬＰＶ ＤＡ＊」の進入を行う場合には、これを途中で手動に切り替えた場合のランディングミニマ（決心高度・視程）の大幅なダウンも理解しておかなければなりません。

このように採用できる進入方式の数が増えるほど、パイロットの理解と習熟度が要求されます。

サンフランシスコ国際空港の衛星進入方式などのように、進入中にパイロットクルーの連携による精密滑走路監視（PRM：Precision Runway Monitor）を義務付ける方式が設定されている空港もあり、事前の準備は欠かせません。

データベースの更新に対応

空港の進入方式などは、データベースとしてあらかじめコンピューターに記憶させておくのが通常ですが、NOTAMや航飛行場出版物などで変更されるたびに、厖大なデータベースを効率的に更新し、確実に最新の状態に保つことが大切です。

また、飛行管理官やデータベースの担当者は、機種によって対応能力に違いがあるので、これにも習熟しておかねばなりません。

最も間違いやすい例が、機種によってRT機能を保有しているのと、そうでないのがあります。RT機能とは、衛星情報を使って決められた2つの経由点を自動的に旋回しながら正確に通過する機能です。

この機能は例えばサンフランシスコ国際空港のように「RNAV（RNP）Y RWY28R」の最終進入経路の一部に取り入れられています。

B777以降の機種はこの機能を有しています。

マンーマシンの関係

列車、自動車、船などの乗りものの中でも、航空機ほど操縦する人と機械の関係が複雑なものはありません。

人間は、人類初の飛行に成功したライト兄弟のフライヤー号からこの1世紀の間に、航空機を構成する機械と人間の間にさまざまな工夫をして、関係の簡便化と人間の操作の省力化を図ってきました。

しかしコンピューターという人間の頭脳の代わりをしてくれる人工知能とロボットが、完全に航空機を飛ばせるようになると、ロボットに教えてもらうことが多くなり、人間はロボットと仲良く付き合う必要性に迫られてきました。

この人間とロボットの関係をマン‐マシンといいます。

「ジャンボ機」と呼ばれ一世を風靡したボーイング７４７‐４００は、５５０人を乗せて４００トンの巨大重力で空に上がり、亜音速で飛行します。そして離陸から着陸まで、コンピューターの力を借りて全自動で飛行できます。

この全自動の世界は、一個人で理解できる領域を超えています。

B787やA380やその次の超ハイテク機になると、人工知能とロボットの一体化が進み、これらがなにをしているかを理解することは容易なことではありません。

しかしパイロットは、その詳細は知らなくても、オペレーション・エンベロープと呼ばれる運用限界や、コンピューターがなにをどこまでやっているかを正しく理解していれば、パイロットは異常事態にもロボット君に正しく助言し適切に対応できるし、最悪の場合でも、ロボット君からいつでも交替することができます。

さらに、この人工知能も今世紀末にはニューロン理論を進化させた「音」や「におい」も理解するディープラーニング技術の進歩によって、航空機の一部の機能がパイロットの身代わりとして役目を果たしてくれるでしょう。ここでもやはり、パイロットは身代わりとなった機器がどこまでやってくれるのか、正確に理解しておくことが重要です。

ハイテク操作の習熟

製造される新型旅客機は、エンジンや電気系統だけでなく操縦系統に至るまでデジタル信号に置き換えられて制御されています。

飛行を習い始めてからパイロットの身に付いているのは、アナログでつくられた小型の練習機の操縦です。

フライ・バイ・ワイヤ（電気信号による操作）や高度に集約化された表示の理解や動作は、パイロットの頭が正常に働いて、判断力をもっている間は問題ありませんが、ひとたび異常事態が発生すると、短時間に膨大なマニュアルを確かめる暇はなく、訓練生の頃のアナログの判断に戻りがちなのが人間の習性です。

このときに発生する、コンピューターの判断・動作と人間の判断・動作との齟齬や乖離が重大な事故を招いている例が少なくありません。

2020〜2035年に就航が予定されている翼と胴体が一体型のボーイングのBWB機は、境界層流の流れに工夫がされているので、微妙な機体の運動を人工知能とロボットで行うのは必然です。

それだけでなくエンジン・操縦・航法が正常かどうかの監視もロボットが請け負います。

ハイテク機は今後ますます、あらゆる情報を集約して、「正常に作動している」「正常に作動していない」の2つしか示さないので、この状態に慣れてしまうことが最も怖いことだと話していたパイロットの言葉を思い出します。

すでに運航しているハイテク機の2012年から2015年の3年間をとって見ても、A340やA380などで起きた事故のうち、パイロットのフライ・バイ・ワイヤの理解不足による操作ミスが疑われるものがあります。

これを解消するには、航空機を墜落させても生命に危険はないフライトシミュレーターを限界まで活用し体験することが望まれます。

またシミュレーターは通常、航空機乗組員の訓練に使用されるフライトトレーナーに装備されているので、ビジュアル装置とモーション装置を駆使して飛行中の多様な状況を再現し、この対応に習熟することが必要です。

緊急時に高い技術力を必要とする超音速機と極超音速機の操縦

ハイテク機の操縦操作の習熟は、パイロットに対する基礎的レベルの要求です。

しかし、2060年以降に就航が予想される超音速機や2090年頃に完成が予想される極超音速機は、パイロットが手動で操縦する分野はほとんどなくなると考えられます。

ＪＡＸＡはそれまでに超音速機操縦者養成コースを設立し、最適のトレーナーを導入して組織的な育成に取り組むでしょう。

ＪＡＸＡが実験している超音速・極超音速機の先端が針のように尖った形は、人間が操縦できる最後の有人機といわれたＦ１０４を思い出します。

Ｆ１０４は着陸速度が１６５ノット以上という速い速度がないと揚力が得られず安全な接地ができないので、微小なパワーの操作で揚力の増減をしていましたが、極超音速機になるとフラップ・エルロン・ラダーとの整合を図るパワーコントロールはさらに微妙になって、ほぼコンピューターに任せる以外にないと考えられます。

このレベルになると、機体は多種多様な目的の人工知能とロボットの集合体です。

パイロットはエンジンスタート時とシャットダウン時以外に手動で操縦する機会は少ないと考えられます。

パイロットは変化する表示を見て、いま機体のどの部分のロボットがなにをしようとしているかを正しく理解し把握しなければなりません。

超音速機や極超音速機のパイロットは、各国が指定した超音速経路や空域を飛行する注意力の他、エンジン・機体・航法のすべてにおいて人間の限界に近い知識と理解に裏付けられた監視力が必要です。

細心な監視によって、気象急変などの予期しない緊急事態が発生した場合には、これを回避するための代替手段などに高い技術力が求められているといっていいでしょう。

第8章

「未来の航空」に向けて航空管制官に期待されること

管制官の予測と判断

現在、ATM（航空交通管理）の中核をなす航空管制によって引き起こされる航空事故は極端に減っています。

しかし大部分はいずれも誤りに早く気づいて事なきを得たもの（インシデント）で、管制官に求められる安全対策は依然として残されています。

ここでは、ATMのうちで管制官の判断（知能の働き）に関係する課題を取り上げます。

知能の働きを少し掘り下げて考えるために、**図5－1**を参考にして、管制官の行為を左右する情報と管制官の判断の関係を見てみましょう。

航空管制官に求められる安全対策は、「周辺の対策」と「核心の対策」の二重構造になっています。

周辺とは、管制官の判断に必要な情報の種類と管制の対象となる航空機をいいます。

周辺の状態には、気象、衛星、飛行場、航空保安施設（計器着陸装置）、通信、航空機（パイロット）の交通などがあります。

周辺の状態は機械的に整理されて管制官に情報として提供されるもので、この他に管制官が目で確認するものがあります。

後者には、リアルタイムの航空機位置と交通状況、離着陸を許可する前に必要な風向風速計による風の方向と速度、視程計による滑走路視距離（ＲＶＲ）などがあります。

核心とは、管制官が知り得た情報から判断して意思決定をし、パイロットに伝えて、パイロットが理解したかどうかを確認することです。


管制官が一度に多数機を管制できるコツはなにか

羽田のターミナルレーダー管制所の管制官がレーダー指示器に映る多数の航空機を秩序立てて一度に管制できるのにはコツがあります。

それは、１機からひとときも目を離さないでレーダー追尾を継続しなくてもよいように、航空機の間にあらかじめノンレーダー間隔（衛星やＶＯＲ／ＤＭＥを利用してパイロットの力量で飛行する間隔：進入管制間隔）が設定してあるからです。

こうしておけば、管制官は間欠的にレーダー映像を確認すればよく、航空機に要所要所で旋回や降下を指示して、余力をもってレーダー誘導をすることができます。

これまでにたびたび出てきた標準計器出発経路（ＳＩＤ）や標準計器進入経路（ＳＴＡＲ）には、このノンレーダー間隔が設定されているので、これを利用するのは多数機をレーダー管制できるからです。

管制官が判断を誤ったり、意思決定の内容を違うパイロットに伝えたり、パイロットが間違って理解しているのを気づかなかったりしたら、航空機同士が異常接近する事態になります。さらに管制官もパイロットも気がつかないでそのまま進んだら、衝突という事態に発展します。

情報は常に変化していて、大切なのは、時間の推移とともにどのように変わっていくかを関係機関が正確に予測して、管制官が知ることができることです。

この情報の予測が漏れなく正確なほど、管制官の核心の予測も正確となり安全なものとなります。管制官の核心の的中率が高まると、パイロットは安心して心の準備ができるので、間違って理解することも少なくなります。

実はこの核心予測の前提となる情報の予測の的中率こそが、安全を増大させる最大の要因なのです。

気象予報が正確であれば管制官やパイロットはそれを予測して早めに判断できるし、交通状況の流れを正確に表示してくれれば管制官は数分後の交通状況を正確に予測することができます。

この情報の予測技術は１９７０年代から通信、レーダーやコンピューターの進歩とともに精度を増し、今日では管制官もパイロットも的中率の高い情報の提供を受けて、安全な交通整理と運航を実現しています。

安全対策は、こうしてできた周辺対策を、核心にいる管制官がどれだけ活用できるかにかかっています。

管制官の２つの弱点

パイロットの人的過誤をなくす改善は、文明の利器を総動員して長足の進歩を遂げて来ましたが、管制官の過誤の改善は必ずしも進んだとはいえません。

インシデントや事故の減少は、パイロットだけでなく管制官の正しい判断と指示の伝達にかかっています。

しかし、管制官には２つの弱点があります。

ひとつは、管制官が人間である以上避けられないヒューマンエラーです。

もうひとつは、管制官が一度に管制できる機数（ハンドリング機数）には限界があるということです。

初心者の管制官と経験を積んだ上級管制官とではハンドリング機数は2倍ほどの差がありますが、上級管制官でもハンドリングできる機数には限界があります。経験豊富な最高ランクの管制官でも一度にレーダー誘導できる機数は７～８機が精一杯です。

レーダー誘導は旋回点、旋回方向・進むべき磁方位・高度などの細かい指示を与えますが、SIDやSTARで飛行する航空機をレーダーで監視していて、必要なときだけ誘導のための指示を与えるレーダー監視の場合でも、一度に10機程度が限度だといわれています。

羽田空港などは、引き継ぎを油断すると、すぐ限界機数を超えてしまいます。

ちなみに、ノンレーダー間隔で巡航する航空機をレーダーで監視する航空路管制所の管制官で一度にハンドリングできる機数は、15機程度が限度だといわれています。

世界の主要機関の21世紀の航空交通量予測は、5年間で1・3～1・5%の漸増を推定しています。とくに大都市のハブ空港は、増加する交通量に対して少しでも管制能力を上げることが喫緊の課題となっています。

これまでも管制官の記憶の負担を大幅に軽減する補助装置、陸上・洋上飛行の航空機の位置を補足し管制官に伝えるシステム、離着陸許可の伝達の間違い・聞き違いを補う灯火システムなどによって、管制に起因する事故は大幅に減ったことは説明しました。

そしていまさらに、世界の航空管制の研究機関で、管制官の弱点を補い、インシデントの根絶と飛行の効率化を目指し、レーダー管制官の判断の一部をコンピューターシステムに行わせようと実験と開発が進められています。

管制官の判断と自動化

ごく最近、米国大手のソフト会社が開発したアルゴリズムが、世界最強の囲碁棋士と５回戦って４対１で勝ったことが話題になっています。

レーダー管制官の知能に変わるアルゴリズムが開発されるのも時間の問題だと考えられています。

航空管制の主流はレーダー管制

現在行われている航空管制の大部分は、飛行場管制と洋上管制を除いてレーダー管制です。山頂などに設置されているレーダーアンテナによって飛行している航空機がキャッチされ、その信号が所轄の管制機関に送られます。

管制官はレーダースコープ上に映った航空機の映像を見て、他機との間隔設定や進入順位の決定などを行います。

これを自動的に行い管制官は監視に集中しようというのがレーダー管制の自動化です。

交通整理を行うときの管制官の知能の判断には、大きく分けて2つの過程があります。

ひとつは①飛行順位の確定（シーケンシング）、もうひとつは②間隔設定（スペーシング）です。

管制官は常に、どの航空機を先に飛行させるかの順番を決めた（①）あと、飛行させる航空機に前の航空機との間隔設定（②）の指示をします。
①の飛行順位には、航空路の中を飛行する順番、空港に近づいてターミナル空域（空港から半径60マイル以内の空域）を進入する順番と着陸する順番、フライトデッキに到着する順番、フライトデッキから離陸滑走路に進入する順番、平行滑走路などの滑走路を離陸する順番と航空路へ向かう順番があります。
また②の間隔設定には、航空路を飛行する航空機間のスペーシング、ターミナル空域を飛行する航空機間のスペーシング、着陸時の航空機間のスペーシング、フライトデッキに向かう航空機間のスペーシング、フライトデッキから滑走路に向かうまでの航空機間のスペーシング、滑走路を離陸する航空機間のスペーシングがあります。

スペーシングは、飛行する多数の航空機の三次元位置の変化が時間とともに一様ではないので、航空機の位置関係を見てこの間に一定の間隔を設定する判断は複雑です。

つまりあらかじめ秩序がつくられていない航空機間の間隔設定の解は無数といっていいほどあり、完璧な安全を求めるためにはどの解も見過ごすことはできないので、アルゴリズム化は容易ではありません。

スペーシングのアルゴリズムが完成するのは、２０２０年を超えてもう少しかかると予想されます。

一方コントロール（管制）しているどの航空機を目的地点に先に着かせるかは、管制官が計画している飛行経路と航空機の速度を目算すれば比較的容易に確定できます。

そこで現在、実験・開発の根拠としているのが、①を管制官が指示して、これに基づいて②をコントロールの対象である航空機にも分担させようという考え方です。

こうすることによって安全間隔設定の負担軽減による管制能力の向上だけでなく、定時運行・到着が可能になります。

先にも述べたように、２０００年に入ってデータサイエンティストと呼ばれる手法で、大規模なデータを解析する技術が格段に向上しています。

図5―1で説明した環境のすべての情報を、航空管制がリアルタイムに取り込んで厖大なデータ解析を行い、最適解を見出して航空機に伝える時代がもうすぐ目の前に来ています。

衛星レーダー開発の必要性

現在航空管制は、洋上を航行する航空機の位置を、衛星の位置情報を利用して監視しています。「ADS（自動従属監視システム）」によって航空機を監視する方式は、航空機が機上の位置測定装置で自機の空間位置を測定し、この三次元位置情報を電波で地上の管制機関に送っています。

管制機関は入手した位置情報を自動的に画面にプロットして、管制官がこの画面を見て航空機の位置を確認し、他機との間隔設定などのコントロールを行います。

この方式の弱点は、管制官が画面で航空機の位置を確認したときには、実際に飛行している航空機はその位置にはいなくて、もっと先のほうの位置を飛行していることです。

この原因は、航空機が機上から電波を送って管制官の目に映るまでに、どんなに早くても7～14分かかっているからです。

つまり管制官が見ている画面は、14分前の画面になってしまいます。

これでは航空機の位置関係を知ることはできないので、14分間に航空機が進む位置をコンピューターで推定して画面に写し出し、実際に近い位置情報を管制官に提供できるようにしています。

ＡＤＳ方式の画面では、この推定の時間遅延がある限り、どんなに頑張っても30マイル以内に航空機を近づけることはできません。

管制官が望むのは、航空機に頼る従属監視ではなくて、地上に設置しているレーダーによる監視のように、宇宙の人工衛星にレーダーを設置して航空機に依存しない独立監視を行うことです。こうすれば推定の位置情報ではなくて、洋上を飛行する航空機の位置をリアルタイムに知ることができます。

なぜこの方式がこれまで簡単にできなかったかといえば、航空管制の電波の利用区分に制限があったからです。

電波の割り当ては、国際連合の機関である国際電気通信連合（ＩＴＵ）が行っています。

最近の報道によれば、２０１５年11月にＩＴＵがジュネーブで開催した世界無線通信会議で、人工衛星を使って民間航空機の航行を常時追跡・監視する仕組みに必要な、周波数の割り当てが決められたと報じられています。

理由は、２０１４年3月に消息を絶ったマレーシア航空機の残骸が見つかるまで1年以上かかった問題を教訓にした措置だといわれています。

内容は次のようなものです。

現在洋上を飛行する航空機は、衛星を利用して測定した自機位置をＶＨＦの周波数で自動的に14分間隔で地上の管制機関に送っています。このシステムを放送型自動従属監視（ADS-B：Automatic Dependent Surveillance-Broadcast）といいます。

管制機関はこれを受信して飛行順位や間隔を設定します。

この送信周波数をＳＨＦにして日本のMTSAT、イギリスのインマルサットなどの航法衛星に送り、これらの衛星による中継によって管制機関は、現在よりも3分の1ほど短い5分の交信間隔で航空機の位置通報を受信できるようになるというものです。

この効果はまだ実証されていませんが、極超音速機や超音速機に飛行順位や間隔を効率的に設定するには、これでも不十分です。

地上に設置されたレーダーでは、遅くとも10秒に1回は航空機の位置情報が更新されますが、この値に限りなく近づけることが必要です。

近い将来、宇宙衛星のアンテナをマイクロ波の発信源として、航空機が飛行する全空域に電子走査を行って航空機の位置情報を得る、衛星レーダーシステムが開発、設置されることが強く望まれます。

21世紀末には、1分間隔に近い時間間隔で位置情報が更新される衛星レーダーが実現するでしょう。

ますます必要性が高まるマックコントロール

現在、洋上航空路の高高度帯では、管制官がパイロットに音速速度(マック数)を指示することによって、航空機間の縦間隔を設定する管制方式を採用しています。

管制機関の大部分は航空機の速度をノットで管制する

管制官は洋上管制を除いて、航空機の速度(真気速)を1時間に何マイル進むかというノットで指示し、風を考慮して未来位置を予測しています。

航空機の真気速は、ピトー管と呼ばれる細い管から動圧を取り出して、空盒《くうごう》気圧計で測定されます。機体の外に突き出ているピトー管は、保温の工夫はされているものの、高い高度では外の気温が零度よりはるかに下がり、凍ることがあります。

しかし機体が音速に近くなると、主翼の前縁の温度が上昇し、それによってマッハ数（音速の倍数の数字）が読みとれるようになるので、洋上の高空を飛行する航空機をマッハ（米語ではマックと発音）という速度の単位で管制するのが安全だということです。

この方式をマックナンバー・テクニックまたはマックコントロールと呼んでいます。マックナンバーとは、航空機の真の対気速度をその大気の音の速度の倍数で表した値をいいます。Mの記号で表し、飛行機の速度がその大気状態における音速と同じならM1、音速の80％ならM0・8となります。

大気中の音速は、大気の構成成分や気圧、気温などによって異なりますが、3万フィート以上の高高度を音速に近い速度以上で飛行すると、翼前縁で圧縮された空気の温度（よどみ点の温度）と外の気温との差が出るようになり、その値が航空機の速度を正確に表すようになります。

そこで亜音速以上の速度では、マック数で指示して、マック数で飛行させたほうが、より正確な位置予測ができるようになるというわけです。

航空機が音速を突破して速度を増すと「よどみ点」の温度はますます上昇し、外気の気温との差が大きくなってマック数は大きくなります。

マックコントロールでは「マックナンバー0・86を維持して下さい」というように、小数点以下２桁（３桁以降を切り捨て）で指示します。

より少ない桁数で正確に速度を指定できるので、多数の航空機を航空路の中の同一高度で正確な縦間隔をもって飛行させることができます。


21世紀後半に極超音速機がマック５の速度で８万５０００フィート（フライトレベル８５０：２万５９１５ｍ）前後の対流圏界面の高度を飛行して、羽田～ニューヨーク間を飛行するようになると、ますますマックコントロールの必要性が高まります。

なぜなら、この高度付近の大気の気温はマイナス57℃とピトー管の保温温度を超えるほどの低温度なのです。

2014年12月に発生したインドネシア・スラバヤ発シンガポール行きのエアアジア便（エアバスA320-200型）の墜落事故は、その後の調査でピトー管の凍結による速度の確認不能の事態が原因のひとつと推定されています。

当時管制機関との連絡を断ったのは、機長から高度3万2000フィート（約9750m）から3万8000フィートに上げると連絡があってから5分後でした。

通常ピトー管には凍結しないように工夫がされていますが、ピトー管を使わないで、よどみ点の温度と外気温で速度が測定できれば、事故の可能性はそれだけ減少します。

音速の倍数で管制するマックコントロールは、21世紀に入ってますます重要度が増していきます。

通信革命

管制官とパイロット、または管制機関と航空機の連絡手段は、約1世紀にわたって無線によって耳から聞く交信に終始しています。

20世紀初頭には短波によるモールス信号で行っていたものが、1930年代にVHFによる音声通信に変わって、以降、送受信装置とヘッドホンに改良が重ねられ今日のような軽易に身に付けて使いやすい装置になっています。

無線電話による通信は飛行の命綱

航空機が安全に飛行するためには、パイロット〜管制官の無線電話による通信は欠かせません。通信には、短波（ＨＦ：３〜30MHz）、超短波（ＶＨＦ：30〜３００MHz）、極超短波（ＵＨＦ：３００MHz〜３GHz）による通信があります。

民間機はＶＨＦとＨＦで送受信を行い、ＨＦは洋上管制の位置通報に使用されています。軍用機はＵＨＦを使用しています。

現在の通信方式は、パイロットも管制官もヘッドセットをして音で言葉を確認します。

しかし聴覚のみに頼る方式には正確性に限界があり、しばしば誤認識による誤解を生じていることも否定できません。

すでに説明したように現在でも最も多いコールサインの聞き違い、管制指示の聞き違い、これに起因する滑走路誤進入などは、その原因の根本を探っていけば、必ず音声のみに頼る認識の甘さや欠陥が指摘されます。

管制官とパイロットは、地球の裏側に近いところまで離れて会話しなければならないこともあります。それをかなえてくれるのは空間を飛ぶ電波による通信しかありません。

しかし、その通信内容を認識する手段は、人工知能による音声認識と呼ばれる技術の急速な進歩によって、同一事象を「聞く」と「見る」の両方の手段で確認することが確実になりつつあります。

管制官とパイロットの交信が耳と目の両方を使って行われるようになると、意思疎通における間違いは激減します。

管制官とパイロットの無線電話による交信に加えて、同じ内容をディスプレイ上で目で確認することができれば確実に意思疎通をすることができます。

しかし交信のすべてを表示するのはかえって煩雑になり、効果的ではありません。

そこで音声を表示する状況を限定する必要があります。

「管制承認」「管制指示」および「これに対するパイロットの応答」や「誰に」指示しているか、「誰が」応えているかなどの交信の要点が目でも確認できれば問題ありません。

さらに、音声の内容と同時に表示される文字が、管制官が注意している視点から目を移動させなくても、表示される文字が視認できることが必要です。

そこで管制塔の管制官の前のガラスの表面に表示するとか、ウェアラブル眼鏡の端末のような目視表示装置の工夫が必要です。

管制官のヒューマンエラー対策

米国やヨーロッパの危険な事例を調べてみると、とくにEUの下部機関であるユーロコントロールの5年ごとの実態調査で後を絶たないのが誤進入です。

誤進入の多くは、滑走路の中に先行機がいるのに管制官が後続機に滑走路への進入を許可してしまうことです。

まだ開発中ですが、対策のひとつに「眼鏡スタイルのウェアラブル端末」があります。滑走路端や滑走路側面に置かれた二次レーダーアンテナによって「滑走路上の航空機がいるかいないか」が判別され、眼鏡の端でマークとして表示されます。

二次レーダーは、一次レーダーがアンテナから電波を発信して、航空機にぶつかって反射して返ってくる電波を捕捉して航空機の位置を割り出すのに対し、航空機に自動応答装置を搭載して、向かってくる電波を航空機側で一端受信して、改めて二次レーダーアンテナに送り返してやる方式を採用しているレーダーです。

二次レーダーは航空機の位置を確実にとらえることができるので、レーダー利用の第一手段として広く普及しています。

しかしこの方式も、管制許可や指示をパイロットが聞き違えたときや、管制官がパイロットの応答を聞き違えたときには役に立たないので、さらに抜本的な対策が必要です。

「航空」が航空機とATMという2つのシステムからなる限り、航空機の運航を支える管制官の許可や指示は不可欠です。

管制官が発する許可や指示の誤り、パイロットの聞き違いをヒューマンエラーといいます。管制官のヒューマンエラーにかかわる事例は、インシデントとして処理されていて、表に出ていないケースは依然として米欧だけでなく日本でもかなりあります。

しかし近年では、多数の航空機が一度に殺到したとか、レーダーシステムがダウンしたときのように、管制官環境が管制官の知的能力の限界に近づいたときに起こすエラーはほとんど発生していません。

それだけ管制の能力が上がり、発生原因を究明してパイロットや管制官への注意喚起の方法などを工夫してきたからです。

10年くらい前の２００６年頃から大幅な減少傾向にあります。

それは訓練生が正規の管制官になって、いきなり本番の席についても以前のように極度の緊張感や極度の解放感がなくなったからだともいわれています。

以前は、かなり経験を積んだ管制官でも、席に着くと声がうわずったり、手足が震える人もいました。

成り立ての管制官が、初めて着く席で緊張もしないで堂々とした管制ができるのは、訓練生のときの実習の内容が格段に向上したからです。

科学の進歩は実習の環境を管制官の限界にまで大幅に向上させ、実習場で臨場感が溢れる場面をつくり、環境を自在に変化させて、管制官の限界ともいわれる多数機を同時に管制できるようになりました。

それは、コンピューターグラフィック（ＣＧ）や３Ｄ技術の導入により、スクリーン上に空港周辺の天候や上昇・巡航・降下時の自然環境下で移動する航空機を創作して、自在に映し出すことができるようになったからです。

訓練生が管制官になっても、訓練した以上の場面に遭遇することはないからです。

ヒューマンエラーは緊張から解放されたときにこそ起きるといわれています。発生しているのは、むしろ交通が閑散なときなど管制官の精神状態が弛緩したときです。

航空医学の先駆者といわれる東京大学名誉教授の大島正光氏は、共著書『人間と機械の安全』で「緊張水準と安全」について次のように述べています。

「緊張水準が低下した場合は、ぐったりした気持、だるい状態、ファイトのない状態、ぼんやりした状態、眠い状態、筋肉の緊張がなくなった状態などになります。高い緊張水準からいきなり低い緊張水準に下がると、仕事に対する欲求が下がったり、作業の要求レベルと精神緊張レベルがアンバランスになります。」

ヒューマンエラーに起因する事故が大幅に減ったのは、CGシステムによって人間の限界に近い実習訓練をしたおかげで、管制官が極度に緊張しなくなって、緊張水準が低下することが少なくなったからです。

しかし将来、管制処理のシーケンスやスペーシングを人工知能が代行するようになっても、人工知能ではできない管制官の仕事は残ります。

未来に向けてヒューマンエラーをいかにしてゼロにするか、管制官の訓練を含めた努力、改善が続けられるでしょう。

緊急事態への対策

管制官がこれからも力を入れなければならない訓練と対応に、機体の故障、バードストライク、火山噴火による火山灰の飛散・浮遊、システムダウンなどの緊急事態への対策があります。

ここでは火山噴火とシステムダウンに焦点を当てて見てみましょう。

2010年から2011年にかけてヨーロッパを襲ったアイスランド島の噴火は記憶に新しいところです。火山灰の広範な飛散が何週間にもわたり、EUは、エンジンブレードへの付着を憂慮して飛行制限を行いました。

日本は火山国なので、大規模な噴火が発生したときには、航空局、気象庁、航空会社などが協力して、航空路などへの影響を的確に把握し、この助言を受けて管制機関は、空港の閉鎖や飛行の制限などを決断しなければなりません。

とくに噴火が長期に及ぶ場合の対策を文書化し、関係機関との協定を結んでおくことが重要です。

これからも起こり得る緊急事態に、航空交通管理（ATM）システムのシステムダウンがあります。

ATMシステムの特徴は、世界中の国々や国内でつながっている大規模な情報通信システムなどがあり、空港や航空路閉鎖を考慮することがしばしばで、交通への影響が大きいことです。今後もシステムの機能追加や修理・換装のときに起こりやすいので、管制官はダウンが発生したときに、直ちにレーダー管制からノンレーダー管制に移行できるように日頃からシミュレーターのデータを最新のものに更新して、訓練を積んでおくことが重要です。とくにターミナルレーダー管制からノンレーダー管制への移行は、上昇・降下する航空機が交錯するので難しく、訓練で習得するまでに時間がかかります。

これは未来の航空がいくら進歩しても、安全のために看過してはならない永遠の努力目標です。

おわりに

21世紀は、有史以来の歴史の中で、交通が飛躍的に発展し、人々の生活を豊かにするだろうと予測される100年間です。

今世紀末には、鉄道は日本、米国、EUや東南アジアで超高速化が進み、自動車は自動運転のエコカーが主流になり、航空は安全性が向上し、極超音速機によって世界が日帰り圏内に納まります。とくに航空機の進歩は、地球の距離を縮め、世界中の人々の生活行動に自由と余裕を与えます。

つまり鉄道と航空が速度と便利さを競う時代は過ぎて、両者を統合してより時間を短縮して便利になり、世界中の人々の生活空間が国の内外に広がり、交流によって豊かになるのです。

このようなことが確信的にいえるのも、本書で説明したとおり、すでに今世紀初めに航空の安全と極超音速化実現のための数多くの要素技術の萌芽が見られるからです。

エンジン・機体材料や加工技術の革命だけでなく、人工知能・ロボットや衛星利用の技術など、これほど多くの要素技術が揃って世紀に突入することはめったにないことです。

この要素技術に花を咲かせるためには、パイロットや管制官などの人間が、航空機や航空機の運航を支援するシステムの開発と一体になって、空の安全で快適な旅を実現することが大切です。

航空交通管理（ATM：Air Traffic Management）と呼ばれるこの支援システムの目的は、空を移動する航空機に最新の情報を与え、空港まで安全に速く導くことです。

地球温暖化防止への昨今の世論の高まりは、航空機だけでなく航空機を支援するＡＴＭに対しても厳しい要求をつきつけています。

これに応えるためにはＡＴＭの中心となっている航空管制が、航空機と一緒になって環境適合への努力を高めていかなければなりません。

パイロットや管制官は当然のことながら本能的に航空機の要求と動向に注意を寄せています。

私自身も管制官の頃、当時のジェット旅客機の主力だったＣＶ８８０、Ｂ７２７や戦闘機の主力だったＦ１０４Ｊ、Ｆ１０１、Ｆ１０２などの技術指示書（T.O.：Technical Order）や仕様書などを、納得がいくまで何度も何度も読み返していたことを思い出します。

なかでも、上昇・降下時の性能、巡航速度・高度、失速速度、バンク角、旋回半径、緊急事態の態様・対処要領と発生確率などを暗記していて、空でいえるほど暗誦していたことを忘れることはできません。

21世紀は、その航空機が空力技術単独ではなく、構造、材料、エンジン、制御、室内環境、ATMなど多分野の技術との調和と統合を進めて、環境の要求に適合する方向に向かって進もうとしている時代です。

これまでは、どちらかというと航空機は航空機、航行を支援する航空管制は航空管制、情報を提供する航空気象は航空気象というように、航空機とATMがそれぞれ独自に進歩してきました。

これから、さらに安全に、さらに速く、さらに高く、さらに定刻に、さらに快適に、さらに安く、さらに地球にやさしく空を移動するためには、宇宙開発も、航空機開発も、ATM開発も一体になって肩を並べて進歩していかなければなりません。

再び超音速飛行に挑戦しようとしている今世紀は、あらゆる科学の成果が無駄なく生かされなければ、思うように進みません。

この本を読まれて、世界の航空がこれに向かって大変な努力をしていることが理解していただけたら幸いです。

これからもますます安心して、ゆったりした気持ちで空の移動を楽しんでください。

さくいん

〔ABC順〕

A320neoファミリー 103
A350XWB 69、91
A380 78
ACARE：Advisory Council for Aeronautics Research in Europe／欧州航空研究諮問委員会 45、47、50
ADS-B：Automatic Dependent Surveillance-Broadcast／放送型自動従属監視 171、254
ADS情報 163
AIP：Aeronautical Information Publication／航空路誌 60
Aircraft（A／C） 143
ASAS：Aircraft Surveillance Application System／航空機監視応用システム 169
ATM：Air Traffic Management／航空交通管理 43、57
ATMC：Air Traffic Management Center／航空交通管理センター 162
ATS：Air Traffic Service／航空交通業務 57
B737MAX 103
B787 69
B787-10 91
BWB：Blended Wing Body／胴翼一体型 109
BLI：Boundary Layer Ingestion／境界層吸い込み 113
Cシリーズ（ボンバルディア） 101
CARATS：Collaborative Actions for Renovation of Air Traffic Systems／航空交通管理システムの改革プラン（日本） 48
Carbon Nano Tube（CNT） 135
CFMインターナショナル 103
CFRP：Carbon Fiber Reinforced Plastics／炭素繊維強化複合材 54、68、70、76、89、94
CNS 137
COMPASS 191
COP21：Conference of the Parties 21／国連気候変動枠組条約第21回締約国会議 64
CPDLC（管制官～パイロット間データリンク通信） 163、166
DA：Decision Altitude／決心高度 184
DGPS 154、176
DLR：Deutsches Zentrum für Luft-und Raumfahrt／ドイツ航空宇宙センター 135
DME：Distance Measuring Equipment／距離測定装置 186
DREAMS：Distributed and Revolutionarily Efficient Air-traffic Management System／分散型高効率航空交通管理システム 52
E2シリーズ（エンブラエル） 102
Electro active Polymer 106
F104 241

FAA：Federal Aviation Administration／アメリカ連邦航空局　45
Feet（ft）　19
FIM：Flight deck Interval Management／自動発着時間管理　175
FIR：Flight Information Region／飛行情報区　62
FMS：Flight Management System／飛行管理システム　214
Frigate Ecojet　107
FSC：Flight Service Center／フライトサービスセンター　59
GBAS：Ground Based Augmentation System／地上型衛星情報補強システム　159、176
GOES-Rシリーズ　201
GNSS：Global Navigation Satellite System／地球航法衛星システム　179
GP7200　80
GPS：Global Positioning System／全地球測位システム　22
HF120　84
HISAC（Environmentally Friendly High Speed Aircraft）　130
HLFC：Hybrid Laminar Flow Control／ハイブリッド層流制御機構　91
Honda Jet　83
IATA：International Air Transport Association／国際航空運送協会　63
ICAO：International Civil Aviation Organization／国際民間航空機関　31、44
IFR：Instrument Flight Rule／計器飛行方式　194
ILS：Instrument Landing System／計器着陸装置　150
ILSカテゴリー　185
ILS進入方式　150
Integrated Resilient Aircraft Controlシステム（静態復帰制御装置）　136
IPCC：Intergovernmental Panel on Climate Change／気候変動に関する政府間パネル　55
ITU：International Telecommunication Union／国際電気通信連合　253
JAXA：Japan Aerospace eXploration Agency／国立研究開発法人宇宙航空研究開発機構　15
JAXA地球観測研究センター　22
JPALS：Joint Precision Approach and Landing System／統合精密進入着陸システム　177
JPDO：Joint Planning and Development Office／統合計画開発事務所（米国）　45
JSC　107
LNAV／VNAV　233
LP　231
LPV：Lateral Precision with Vertical Guidance／水平・垂直方向精密進入　184
LPV進入方式　235
MDA：Minimum Descent Altitude／進入限界高度　222
MEMS：Micro Electro Mechanical Systems／超小型電子デバイス技術　97
MLA　179
MRAC（Model Reference Adaptive Control）　136
MRJ：Mitsubishi Regional Jet／三菱リージョナルジェット　100
MTSAT：Multi-functional Transport Satellite／運輸多目的衛星（日本）　154
Nautical Mile（NM）　19

NASA：National Aeronautics and Space Administration／アメリカ航空宇宙局　44
NAVSTAR　153
NDI (Nonlinear Dynamic Inversion)　136
NEW CPDLC　167
NextGen計画　45
NLR：New Long Range／新長胴型　117
NOTAM：Notice To Airmen／ノータム　60、137
NSS：Navigation Satellite System／衛星航法システム　143
NSTC：National Science and Technology Council／国家科学技術会議（米国）　44
OTR：Oceanic Transition Route／洋上転移経路　34
PAR　226
Pound (lb)　19
PRM：Precision Runway Monitor／精密滑走路監視　236
QNE　39、63
QNH　39、63
QZSS　191
RNAV：Area-Navigation／広域航法　155
RNAV経路　152
RNAV航空路　140
RNAV航法　175
RNAV進入方式　234
RNAV (GNSS) 進入方式　227
RNAV (GPS) 進入方式　182
RNAV (RNP) 進入方式　176
RNP：Required Navigation Performance／航法性能要件　162
RT機能　236
RVR：Runway Visual Range／滑走路視距離　231
SES：Single European Sky／単一ヨーロッパ空域　51
SESAR：Single European Sky Air Traffic Management Research Program：単一ヨーロッパ空域の航空交通管理開発計画　46
SI：International System of Units／国際単位系　19
SID：Standard Instrument Departure／標準計器出発経路　33、147、245
SJU (SESAR Joint Undertaking)　46
SOCAL進入管制所　188
SSBJ (Supersonic Business Jet)　126
STAR：Standard Terminal Arrival Route／標準計器進入経路　34、147、245
Statute Mile (SM)　19
Synthetic Vision System　135
TBW：Truss Braced Wing／トラス支柱翼　116
TACAN：Tactical Air Navigation／タカン　153
Tu-144　122
UNEP：United Nations Environment Programme／国連環境計画　63
US／SST　122
VOR：VHF Omni-directional Radio Range Beacon／超短波全方向式無線標識　152
VORTAC（ボルタック）　153
WMO：World Meteorological Organization／世界気象機関　203

〔あいうえお順〕

園山耕司（そのやまこうじ）
1935年生まれ。航空アナリスト。防衛大学校応用物理科卒。米空軍で航空管制を学んだのち、航空自衛隊の実務と航空行政の双方に携わる。1971年に起きた全日空機雫石衝突事故の対策のため、2年間にわたり米国、欧州4か国の実情調査に参加。2006年瑞宝小綬章を受章。『座標科学でわかる航空管制』（秀和システム）で2013年度第39回交通図書賞（技術）を受賞。ほか、主な著書に『航空管制システム』（成山堂書店）、『よくわかる航空管制』（秀和システム）、『航空管制官はこんな仕事をしている』（交通新聞社）、『新しい航空管制の科学』（講談社ブルーバックス）など。

交通新聞社新書098
未来の航空
極超音速で世界が変わる
（定価はカバーに表示してあります）

2016年8月19日　第1刷発行

著　者――園山耕司
発行人――江頭　誠
発行所――株式会社　交通新聞社
http://www.kotsu.co.jp/
〒101-0062　東京都千代田区神田駿河台2-3-11
NBF御茶ノ水ビル
電話　東京（03）6831-6550（編集部）
東京（03）6831-6622（販売部）

印刷・製本―大日本印刷株式会社

ISBN978-4-330-69316-3